Exploramos las 50 Verdades Claves de Prospección, que son una guía magistral para alcanzar el éxito en las ventas. Desde establecer metas claras hasta abrazar una mentalidad positiva y perseverante, cada verdad nos lleva un paso más cerca de nuestros objetivos comerciales.

Información legal

Título del libro: Prospectando con Propósito: 50 Verdades Clave

Autor: Dionisio Melo

Nombre editorial: Publicación Independiente

ISBN: 9798883912183

Índice

Introducción

Bienvenidos a un viaje transformador a través del fascinante mundo de las ventas, donde cada página está impregnada de sabiduría, inspiración y valiosas lecciones que cambiarán para siempre tu enfoque hacia la prospección y el cierre de ventas.

En las páginas que siguen, descubrirás un tesoro de conocimientos reunidos a lo largo de años de experiencia en el campo de las ventas. Desde los fundamentos esenciales hasta las estrategias más avanzadas, estas 50 Verdades Claves de Prospección te guiarán paso a paso en el camino hacia el éxito en las ventas.

Desde el primer momento, te sumergirás en un mundo de descubrimiento y crecimiento personal. Explorarás la importancia de establecer metas claras y objetivos alcanzables, así como la necesidad de una mentalidad positiva y perseverante en el proceso de prospección.

Prospectando con Propósito: 50 Verdades Clave

A lo largo de estas páginas, te adentrarás en el arte de la comunicación efectiva, aprendiendo a utilizar herramientas como el teléfono, el correo electrónico y las redes sociales de manera estratégica y deliberada para maximizar tu impacto y alcanzar tus objetivos de ventas.

Pero más allá de las tácticas y técnicas, este libro es un llamado a la acción, un recordatorio de que el éxito en las ventas no es solo una cuestión de habilidades, sino también de actitud y compromiso. Descubrirás cómo superar el miedo al rechazo, enfrentar los desafíos con valentía y convertir cada obstáculo en una oportunidad de crecimiento.

A medida que avances en estas páginas, te encontrarás con verdades poderosas que desafiarán tus suposiciones y ampliarán tus horizontes. Desde la importancia de la autenticidad y la empatía hasta el valor del seguimiento implacable y la persistencia, cada verdad te llevará un paso más cerca de tus metas y aspiraciones más grandes en el mundo de las ventas.

**Prospectando con Propósito: 50
Verdades Clave** no es solo un libro de
ventas; es un compañero de viaje en tu
búsqueda del éxito. Te invito a sumergirte
en estas verdades con mente abierta y
corazón dispuesto, listo para absorber cada
lección y aplicarla en tu propia vida y
carrera profesional.

Que **Prospectando con Propósito: 50
Verdades Clave** sea tu guía en el
emocionante viaje que tienes por delante,
lleno de desafíos, oportunidades y el
inmenso potencial de alcanzar tus sueños
más ambiciosos en el apasionante mundo de
las ventas.

La prospección en ventas es mucho más que
una simple tarea tardía o una actividad
secundaria en el proceso comercial. Es el
cimiento sólido sobre el cual se erigen todas
las demás etapas de venta. Desde el primer
contacto con un cliente potencial hasta el
cierre de la venta y más allá, la prospección
es el hilo conductor que impulsa el éxito
comercial.

Prospectando con Propósito: 50 Verdades Clave

Es esencial comprender que el motor de cualquier empresa es su capacidad para generar ventas. Sin ventas, no hay ingresos, y sin ingresos, el negocio no puede crecer ni prosperar. En última instancia, el funcionamiento de la economía depende directamente del rendimiento de las empresas en el mercado. Por lo tanto, la prospección no es simplemente una actividad aislada, sino un componente vital del ciclo económico.

Eliminar la prospección de la ecuación comercial sería como quitar los cimientos de un edificio: el colapso sería inminente. La ausencia de esfuerzos de prospección resultaría en una disminución rápida de las oportunidades de venta, lo que a su vez impactaría negativamente en los ingresos y la viabilidad a largo plazo de las empresas. Este efecto se propagaría a través de la economía, generando una cadena de consecuencias que podrían afectar a diversas industrias y sectores.

La prospección en ventas no es solo una actividad necesaria, sino un pilar fundamental para el funcionamiento de las empresas y, en última instancia, para el desarrollo económico. Su importancia radica en su capacidad para generar oportunidades, impulsar el crecimiento empresarial y mantener la vitalidad de la economía en su conjunto.

Capítulo 1
¡Es tu trabajo!

La prospección en ventas no es solo una tarea más en la lista de responsabilidades de un vendedor; es el cimiento sobre el cual se construye todo el éxito en el mundo de las ventas. Estas diez verdades encapsulan la esencia de lo que significa comprometerse plenamente con el proceso de prospección y cómo puede transformar no solo tu enfoque en las ventas, sino también tus resultados.

1. **Reconozca la realidad: la prospección es una responsabilidad que recae directamente sobre sus hombros. Confiar exclusivamente en terceros para obtener pistas y oportunidades de venta puede resultar en una estrategia limitada y poco confiable**.

Prospectar es más que simplemente buscar nuevos clientes; es una habilidad fundamental que todo profesional de ventas debe dominar. Al asumir esta responsabilidad de manera proactiva, usted toma el control de su propio éxito y se posiciona como un agente activo en la generación de oportunidades comerciales.

Depender únicamente de fuentes externas para obtener prospectos puede limitar su alcance y reducir su capacidad para identificar y cultivar relaciones con clientes potenciales. Al tomar la iniciativa en la prospección, usted amplía sus horizontes, explorando nuevas oportunidades y abriendo puertas que de otro modo podrían permanecer cerradas.

Además, al asumir la responsabilidad de la prospección, usted se convierte en el principal impulsor de su propio crecimiento profesional. En lugar de esperar pasivamente a que lleguen las oportunidades, usted las busca activamente, demostrando determinación, iniciativa y compromiso con su éxito.

Aceptar la realidad de que la prospección es su responsabilidad es el primer paso hacia el éxito en ventas. Al tomar las riendas de este aspecto crítico del proceso de ventas, usted se posiciona para alcanzar sus metas y avanzar hacia el logro de un desempeño excepcional en su carrera profesional.

2. **La prospección no puede ser relegada a un segundo plano o tratada como una tarea opcional que se realiza únicamente cuando el tiempo y los recursos lo permiten. Al igual que mantener la higiene personal es una práctica diaria indispensable, la prospección debe convertirse en una actividad rutinaria e ineludible en la vida de cualquier profesional de ventas.**

Comparar la prospección con la ducha es revelador. Al igual que no podemos permitirnos pasar días sin ducharnos, tampoco podemos permitirnos descuidar la prospección durante largos períodos de tiempo. La consistencia en la prospección es clave para mantener un flujo constante de oportunidades de venta y garantizar un crecimiento sostenible en el negocio.

Prospectando con Propósito: 50 Verdades Clave

La prospección diaria se convierte en un hábito arraigado que refleja un compromiso firme con el éxito a largo plazo. Al hacer de la prospección una parte integral de su rutina diaria, usted establece un ritmo constante de generación de leads y desarrollo de relaciones comerciales, lo que a su vez fortalece su posición en el mercado y aumenta sus posibilidades de alcanzar sus objetivos de ventas.

Además, abordar la prospección de manera regular y consistente le permite mantenerse actualizado sobre las tendencias del mercado, identificar oportunidades emergentes y adaptarse rápidamente a los cambios en las necesidades y preferencias de los clientes. Esto le brinda una ventaja competitiva significativa y le permite mantenerse un paso adelante en un entorno comercial dinámico y en constante evolución.

La prospección no es una tarea que se realiza ocasionalmente o en momentos de necesidad. Es un compromiso diario que requiere dedicación y disciplina. Al hacer de la prospección una prioridad constante, usted establece las bases para un éxito duradero en el mundo de las ventas.

3. **La prospección en ventas puede ser considerada como un músculo vital en el arsenal de cualquier profesional de ventas. Al igual que un músculo en el cuerpo humano, necesita ser ejercitada regularmente para mantener su fuerza y eficacia. Esta analogía entre la prospección y un músculo ofrece una perspectiva valiosa sobre la importancia de mantener una actividad constante en este aspecto crucial de la venta.**

Al trabajar en la prospección de manera regular, usted está fortaleciendo y tonificando este "músculo" fundamental en su proceso de ventas. Cada contacto con un cliente potencial, cada llamada en frío, cada correo electrónico enviado es como una repetición en el gimnasio para este músculo de prospección. Cuanto más lo ejercite, más resistente se volverá, y más capaz estará de generar oportunidades de venta con eficacia.

Además, al igual que con cualquier régimen de ejercicios físicos, la consistencia es clave. No se puede esperar ver resultados significativos si la prospección se realiza de manera esporádica o inconsistente. Es necesario establecer una rutina sólida y comprometerse a trabajar en la prospección de manera regular, incluso cuando las ventas están en auge.

Como cualquier músculo que se ejercita, la prospección también puede experimentar fatiga si se sobre utiliza o se ejercita de manera inadecuada. Es importante encontrar un equilibrio saludable entre la cantidad y la calidad de los esfuerzos de prospección, evitando el agotamiento y maximizando los resultados.

La prospección en ventas es un músculo que requiere atención y cuidado constantes. Al trabajar en ella regularmente, usted fortalece su capacidad para generar oportunidades de venta y asegura un flujo constante de clientes potenciales. Mantener este "músculo" en forma es fundamental para el éxito continuo en el mundo de las ventas.

4. **Es crucial comprender que el simple acto de pensar en la prospección no equivale a realizarla efectivamente. A menudo, podemos caer en la trampa de creer que el mero hecho de tener en mente a nuestros prospectos es suficiente para avanzar en el proceso de venta. Sin embargo, esta percepción puede ser engañosa. Mientras nosotros estamos reflexionando sobre cómo acercarnos a los prospectos, es probable que ellos no estén necesariamente pensando en nosotros o en nuestros productos.**

La prospección exitosa implica mucho más que solo considerar la posibilidad de futuros clientes. Requiere acciones concretas y estratégicas para identificar, contactar y cultivar relaciones con clientes potenciales de manera efectiva. Esto implica un compromiso activo y constante con el proceso de búsqueda y conexión con nuevos prospectos.

Además, es importante reconocer que el mercado es dinámico y competitivo. Mientras nosotros estamos contemplando nuestras estrategias de prospección, es probable que otros competidores estén tomando medidas concretas para captar la atención y el interés de los mismos prospectos. Por lo tanto, el tiempo que pasamos solo pensando en la prospección sin actuar puede representar una oportunidad perdida y permitir que otros se adelanten en el juego.

Por tanto, es fundamental pasar de la reflexión a la acción. Esto implica salir de nuestra zona de confort y enfrentar el desafío de la prospección con determinación y proactividad. Solo al tomar medidas concretas y consistentes para buscar y comprometerse con los prospectos podemos esperar generar resultados significativos en el proceso de ventas.

Pensar en la prospección no es suficiente. Es necesario pasar de la contemplación a la acción para lograr resultados tangibles en el proceso de búsqueda y conexión con nuevos prospectos. La prospección efectiva requiere un compromiso activo y constante con el proceso de venta, y solo mediante la acción diligente podemos esperar alcanzar el éxito en este aspecto fundamental de la actividad comercial.

5. **Es importante entender que la creación de redes, aunque es una parte valiosa del proceso de ventas, no es equivalente a la prospección en sí misma. A menudo, los profesionales de ventas pueden confundir estos conceptos, asumiendo erróneamente que al participar en eventos de networking o establecer conexiones en línea están realizando actividades de prospección.**

Si bien la creación de redes puede generar oportunidades de ventas indirectas al establecer relaciones y construir una reputación en el mercado, la prospección implica un enfoque más directo y orientado hacia la identificación y el compromiso con clientes potenciales específicos. Mientras que la creación de redes puede ser una estrategia efectiva para ampliar su alcance y aumentar su visibilidad en el mercado, la prospección implica un esfuerzo más enfocado en encontrar y conectarse con aquellos prospectos que tienen el potencial de convertirse en clientes reales.

Es importante reconocer que la creación de redes es solo una parte del proceso de ventas más amplio y que, por sí sola, puede no ser suficiente para generar resultados tangibles en términos de conversiones y ventas. Para maximizar el impacto de su actividad de networking, es crucial complementarla con una estrategia de prospección sólida y enfocada.

Esto implica identificar de manera proactiva a los prospectos ideales, investigar sus necesidades y desafíos, y luego tomar medidas concretas para establecer contacto y desarrollar relaciones significativas. Al combinar la creación de redes con una prospección efectiva, usted puede maximizar su capacidad para generar oportunidades de venta y convertirlas en clientes satisfechos.

Si bien la creación de redes es una parte importante del proceso de ventas, no debe confundirse con la prospección en sí misma. Es fundamental comprender la diferencia entre estos conceptos y asegurarse de complementar la actividad de networking con una estrategia de prospección sólida y enfocada para obtener resultados óptimos en el proceso de ventas.

6. **Es fundamental comprender que la percepción de pistas como "malas" no es más que eso: una percepción. En lugar de descartarlas como inútiles, es crucial reconocer que las llamadas "malas" pistas pueden ser el resultado de un proceso de prospección deficiente o una mentalidad poco favorable. En lugar de simplemente ignorarlas, es esencial abordar la raíz del**

problema, que puede residir en la mentalidad del vendedor o en el proceso de prospección en sí mismo.

En muchos casos, las llamadas "malas" pistas pueden ser una oportunidad para reflexionar y mejorar tanto el enfoque mental del vendedor como el proceso de prospección utilizado. Esto puede implicar ajustar la forma en que se aborda la prospección, adoptar una mentalidad más abierta y receptiva, o incluso revisar y mejorar los criterios utilizados para calificar a los clientes potenciales.

Al abordar la mentalidad del vendedor, es importante cultivar una actitud positiva y proactiva hacia la prospección. Esto puede implicar cambiar la percepción de las llamadas "malas" pistas como obstáculos insuperables a oportunidades para aprender y crecer. Al adoptar una mentalidad de crecimiento y resiliencia, los vendedores pueden convertir incluso las experiencias aparentemente negativas en oportunidades para mejorar y fortalecer sus habilidades de prospección.

Además, es crucial evaluar y mejorar continuamente el proceso de prospección utilizado. Esto puede implicar analizar en detalle cada paso del proceso, desde la identificación de clientes potenciales hasta el seguimiento posterior a la venta, y buscar áreas de mejora y optimización. Al hacer ajustes y mejoras en el proceso de prospección, los vendedores pueden aumentar la eficacia y la eficiencia de sus esfuerzos de prospección, lo que a su vez puede conducir a una mayor calidad de las pistas generadas.

La percepción de las pistas como "malas" puede ser una señal de que es necesario abordar tanto la mentalidad del vendedor como el proceso de prospección utilizado. Al cultivar una mentalidad positiva y proactiva, y al realizar ajustes y mejoras en el proceso de prospección, los vendedores pueden convertir incluso las experiencias aparentemente negativas en oportunidades para aprender, crecer y generar clientes potenciales de mayor calidad.

7. **La dificultad inherente a las ventas es, paradójicamente, una de las razones por las cuales esta profesión puede ser tan lucrativa. Es fundamental adoptar una perspectiva de agradecimiento hacia los desafíos que implica este campo, ya que son precisamente estos obstáculos los que generan oportunidades significativas para aquellos que están dispuestos a enfrentarlos con determinación y habilidad.**

Si las ventas fueran una tarea sencilla y sin complicaciones, el valor percibido de los productos o servicios ofrecidos se vería reducido, y en consecuencia, los ingresos generados por las ventas también serían limitados. Es precisamente la complejidad de persuadir a los clientes potenciales, superar objeciones y cerrar acuerdos lo que eleva el valor de la habilidad de ventas y, por ende, el potencial de ingresos asociado.

Prospectando con Propósito: 50 Verdades Clave

Es esencial ser realistas: las ventas demandan un conjunto único de habilidades, desde la comunicación efectiva hasta la negociación persuasiva, y no todos están dispuestos o capacitados para dominarlas. Aquellos que eligen embarcarse en este desafiante camino tienen la oportunidad de diferenciarse y destacarse en un mercado saturado, lo que a menudo se traduce en mayores recompensas financieras y profesionales.

Al adoptar una mentalidad de gratitud hacia la dificultad inherente a las ventas, se abre la puerta a un enfoque más positivo y constructivo hacia los desafíos que se presentan en el camino. En lugar de verlos como obstáculos insuperables, se pueden percibir como oportunidades para crecer, aprender y alcanzar nuevos niveles de éxito en la profesión de ventas.

Agradecer por la dificultad en las ventas es reconocer el valor intrínseco de esta profesión y las oportunidades que ofrece para aquellos que están dispuestos a enfrentar sus desafíos con determinación y habilidad. Es esta misma dificultad la que eleva el valor de las habilidades de ventas y crea un camino hacia el éxito y la prosperidad en este campo altamente competitivo.

8. **En el apasionante mundo de las ventas, la perseverancia es la clave del éxito. Es esencial comprender que atraer a un cliente potencial no suele ser una tarea rápida y sencilla; de hecho, suele requerir mucho más esfuerzo del que uno podría anticipar inicialmente. Por lo tanto, es crucial mantenerse preparado para un viaje que puede ser más largo y desafiante de lo que se espera.**

Siempre es sabio prepararse mentalmente para una realidad en la que la atracción de clientes potenciales podría tomar el doble, o incluso más, de intentos de los que uno podría anticipar inicialmente. Este reconocimiento temprano de la realidad puede ayudar a los profesionales de ventas a evitar la frustración y el desánimo cuando las cosas no salen según lo planeado desde el principio.

La necesidad de múltiples intentos para atraer a un cliente potencial no solo se debe a la complejidad del proceso de ventas, sino también a una serie de factores externos que pueden influir en la toma de decisiones de los clientes potenciales. Desde la competencia en el mercado hasta las fluctuaciones en las necesidades y prioridades del cliente, hay una multitud de variables que pueden afectar el tiempo y el esfuerzo requerido para cerrar una venta.

Sin embargo, es importante no ver esta realidad como un obstáculo insuperable, sino como una oportunidad para aprender, adaptarse y mejorar continuamente. Cada intento, incluso aquellos que no conducen al resultado deseado, ofrece una oportunidad invaluable para obtener retroalimentación, ajustar la estrategia y avanzar hacia el éxito.

Estar preparado para que el proceso de atracción de clientes potenciales requiera más intentos de lo que uno podría anticipar inicialmente es fundamental para mantener una mentalidad positiva y perseverante en el mundo de las ventas. Al abrazar esta realidad y comprometerse a persistir a pesar de los desafíos, los profesionales de ventas pueden aumentar significativamente sus posibilidades de alcanzar el éxito en el competitivo mercado actual.

9. **En el emocionante mundo de las ventas, es esencial ser consciente de la importancia del seguimiento en todo el proceso. La premisa de "no comenzar lo que no se puede terminar" resalta la importancia de la consistencia y la persistencia en todas las interacciones con los clientes potenciales. Es crucial comprender que el seguimiento es más que una simple formalidad; es una práctica estándar que debe ser incorporada en todas las etapas del proceso de ventas.**

Cuando se inicia una conversación o se establece un contacto inicial con un cliente potencial, es fundamental comprometerse a seguir adelante con ese contacto. Esto implica no solo mantener la comunicación de manera regular, sino también hacer un seguimiento activo de cualquier compromiso o acción acordada durante la interacción inicial. El seguimiento constante demuestra profesionalismo, compromiso y atención a los detalles, cualidades que son altamente valoradas en el mundo de las ventas.

Además, el seguimiento no se limita simplemente a la fase inicial de prospección; es una práctica continua que debe mantenerse a lo largo de todo el ciclo de ventas. Esto significa mantenerse en contacto con los clientes potenciales a lo largo del tiempo, brindando información relevante, respondiendo preguntas y ofreciendo soluciones a medida que surgen.

El seguimiento proactivo también puede ser una poderosa herramienta para mantener el interés del cliente potencial y avanzar en el proceso de ventas. Al enviar recordatorios o seguimientos periódicos, se mantiene el diálogo abierto y se fomenta una relación sólida y de confianza con el cliente potencial.

El seguimiento es una práctica estándar y esencial en el mundo de las ventas. No se trata simplemente de una formalidad, sino de una herramienta poderosa para mantener la comunicación, fomentar relaciones sólidas con los clientes potenciales y avanzar en el proceso de ventas de manera efectiva. Al adoptar una mentalidad de seguimiento proactivo, los profesionales de ventas pueden maximizar sus posibilidades de éxito y construir relaciones duraderas con sus clientes.

10. **Uno de los conceptos fundamentales en la prospección efectiva es comprender que el proceso no se trata de usted como vendedor, sino de los prospectos a los que está tratando de alcanzar y servir. Este cambio de enfoque, de centrarse en uno mismo a centrarse en las necesidades y deseos del prospecto, es esencial para establecer relaciones sólidas y**

generar confianza en el proceso de ventas.

Cuando se trata de prospección, es importante recordar que los prospectos son el corazón y el alma de todo el proceso. Cada acción que tome, ya sea una llamada en frío, un correo electrónico o una reunión en persona, debe estar diseñada para satisfacer las necesidades específicas de los prospectos y ofrecer valor en cada interacción.

Adoptar una mentalidad centrada en el prospecto implica entender sus desafíos, objetivos y preocupaciones, y adaptar su enfoque de ventas en consecuencia. Esto significa escuchar activamente sus preocupaciones, hacer preguntas reflexivas para comprender sus necesidades y ofrecer soluciones personalizadas que aborden sus problemas de manera efectiva.

Al poner al prospecto en el centro de todo lo que hace, usted construye relaciones más sólidas y duraderas que se basan en la confianza y la autenticidad. Los prospectos aprecian cuando sienten que usted realmente se preocupa por sus necesidades y está dispuesto a trabajar con ellos para encontrar soluciones que beneficien a ambas partes.

Al centrarse en el prospecto, usted se diferencia de otros vendedores que pueden estar más preocupados por cerrar una venta rápida que por construir una relación significativa a largo plazo. Esta mentalidad orientada al cliente no solo mejora sus posibilidades de éxito en la prospección, sino que también contribuye a su reputación como un vendedor confiable y respetado en su industria.

La prospección efectiva requiere un cambio de enfoque de uno mismo hacia el prospecto. Al centrarse en las necesidades y deseos del prospecto, usted construye relaciones sólidas y duraderas que son fundamentales para el éxito a largo plazo en el proceso de ventas.

La prospección en ventas es más que una simple tarea; es una responsabilidad crucial que requiere un enfoque estratégico y planificado. Si bien puede parecer abrumador al principio, no es necesario complicar demasiado las cosas. Sin embargo, es esencial tener un plan claro para guiar sus esfuerzos y asegurarse de conectarse con las personas adecuadas en el momento adecuado. Para ayudarlo a navegar por este proceso, aquí están las próximas 10 verdades de ventas que pueden servir como una guía invaluable:

Conéctese con un propósito: Antes de iniciar cualquier proceso de prospección, es fundamental tener una comprensión clara de su objetivo. ¿Qué está tratando de lograr con esta interacción? Ya sea establecer una relación, identificar necesidades o cerrar una venta, tener un propósito definido lo mantendrá enfocado y orientado hacia resultados.

Conozca a su audiencia: Antes de intentar conectarse con alguien, tómese el tiempo para investigar y comprender a su audiencia. ¿Quiénes son? ¿Cuáles son sus desafíos y necesidades? Cuanta más información tenga sobre sus prospectos, más efectivo será su enfoque de prospección.

Personalice su enfoque: Una talla no sirve para todos en el mundo de la prospección. Es crucial adaptar su enfoque a las necesidades y preferencias específicas de cada prospecto. Utilice la información que ha recopilado para personalizar su mensaje y hacerlo más relevante y atractivo para su audiencia.

Establezca objetivos claros: Antes de comenzar cualquier proceso de prospección, establezca metas claras y medibles que le permitan evaluar su progreso y éxito. Ya sea un número específico de contactos realizados, reuniones programadas o ventas cerradas, tener objetivos claros le brinda un sentido de dirección y propósito.

Sea consistente: La prospección efectiva requiere consistencia y persistencia. No se trata solo de hacer un esfuerzo ocasional, sino de mantener un enfoque constante y disciplinado a lo largo del tiempo. Manténgase comprometido con su plan y continúe tomando medidas consistentes para conectarse con nuevos prospectos.

Aproveche la tecnología: En la era digital, hay una amplia gama de herramientas y recursos disponibles para facilitar el proceso de prospección. Desde software de gestión de relaciones con el cliente (CRM) hasta plataformas de automatización de marketing, aproveche la tecnología para maximizar su eficiencia y efectividad en la prospección.

Escuche más, hable menos: Cuando se trata de interactuar con prospectos, la escucha activa es una habilidad invaluable. En lugar de simplemente hablar de sus productos o servicios, tómese el tiempo para escuchar las necesidades y preocupaciones de su prospecto. Esto le permite adaptar su enfoque y ofrecer soluciones que realmente resuelvan sus problemas.

Prospectando con Propósito: 50 Verdades Clave

Ofrezca valor: En lugar de centrarse únicamente en la venta, busque formas de agregar valor a la vida de sus prospectos. Ya sea compartiendo recursos útiles, brindando consejos expertos o ofreciendo demostraciones gratuitas, busque oportunidades para demostrar su experiencia y establecerse como un recurso confiable y valioso para su audiencia.

Mantenga el seguimiento: La prospección efectiva no se trata solo de hacer el primer contacto; también se trata de mantener y cultivar relaciones a largo plazo. Haga un seguimiento regular con sus prospectos para mantenerse en su radar y continuar construyendo confianza y credibilidad a lo largo del tiempo.

Aprenda y ajuste: Por último, pero no menos importante, esté preparado para aprender y ajustar su enfoque según sea necesario. La prospección es un proceso continuo de prueba y error, y es importante estar abierto a la retroalimentación y dispuesto a adaptarse a medida que avanza.

Prospectando con Propósito: 50 Verdades Clave

La prospección en ventas es un arte que requiere habilidad, estrategia y compromiso. Al seguir estas 10 verdades de ventas, puede establecer un plan sólido y efectivo para conectarse con los prospectos adecuados y avanzar hacia el éxito en el mundo de las ventas.

Capítulo 2
Optimizando Su Estrategia de Prospección

11. Segmente y Enriquezca su Embudo de Prospección para Mejores Resultados

La prospección es una tarea multifacética que requiere una estrategia bien pensada y ejecutada. Una forma efectiva de abordar esta tarea es dividir su embudo de ventas de prospección en tres partes distintas: superior, media e inferior. Esta división le permite enfocar sus esfuerzos de manera más efectiva y priorizar las actividades que generan los mejores resultados.

En la parte superior del embudo, se encuentran los prospectos en la etapa inicial de su proceso de compra. Estos prospectos pueden estar recién interesados en su producto o servicio, o pueden estar buscando soluciones a un problema específico. Aquí es donde entra en juego la generación de leads, utilizando tácticas como el marketing de contenido, las redes sociales y las campañas de correo electrónico para atraer la atención de los prospectos y llevarlos al embudo de ventas.

En la parte media del embudo, se encuentran los prospectos que han expresado un interés más sólido en su oferta y están considerando activamente sus opciones. Aquí es donde entra en juego la calificación de leads, utilizando criterios como el presupuesto, la autoridad, la necesidad y el tiempo (BANT) para determinar qué prospectos tienen el potencial de convertirse en clientes reales. También es el momento de nutrir a estos prospectos con información relevante y personalizada para ayudarlos a avanzar en su proceso de toma de decisiones.

Finalmente, en la parte inferior del embudo, se encuentran los prospectos que están listos para tomar una decisión de compra. Estos prospectos están buscando activamente una solución a su problema y están listos para comprometerse con una oferta. Aquí es donde entra en juego la conversión de leads, utilizando técnicas de cierre de ventas como demostraciones de productos, pruebas gratuitas y ofertas especiales para cerrar la venta de manera efectiva.

Es importante notar que, si bien todas las partes del embudo son importantes, es crucial colocar más valor en la parte inferior que en la parte superior. Esto se debe a que la conversión de leads en clientes reales es el objetivo final de cualquier estrategia de prospección efectiva. Al priorizar la calidad sobre la cantidad y enfocar sus esfuerzos en convertir leads en clientes, estará mejor posicionado para alcanzar sus objetivos de ventas y hacer crecer su negocio de manera sostenible a largo plazo.

12. Implementar un Sistema de Responsabilidad para Impulsar el Éxito en la Prospección

La prospección efectiva no solo se trata de realizar actividades de manera constante, sino también de asegurarse de que estas actividades estén generando resultados tangibles. Para lograr esto, es fundamental establecer un proceso de rendición de cuentas claro y transparente que permita a los vendedores evaluar y mejorar continuamente su desempeño en la prospección. Aquí hay algunas formas de reforzar este aspecto crucial:

Definir métricas claras: Antes que nada, es importante identificar las métricas clave que se utilizarán para evaluar el éxito en la prospección. Esto podría incluir el número de contactos realizados, la tasa de conversión de leads, el tiempo de respuesta a las consultas de los prospectos y la cantidad de reuniones programadas. Al establecer métricas claras y objetivas, se proporciona una base sólida para evaluar el progreso y el rendimiento en la prospección.

Establecer metas alcanzables: Una vez que se han definido las métricas, es hora de establecer metas específicas y alcanzables para cada vendedor. Estas metas deben ser desafiantes pero realistas, y deben estar alineadas con los objetivos generales de ventas de la empresa. Al establecer metas claras, se proporciona un marco claro para evaluar el éxito y la contribución individual de cada vendedor al proceso de prospección.

Crear un sistema de seguimiento: Para garantizar que se estén cumpliendo las métricas y las metas establecidas, es importante implementar un sistema de seguimiento efectivo. Esto podría implicar el uso de herramientas de seguimiento de ventas o software de gestión de relaciones con el cliente (CRM) para registrar y analizar el progreso en la prospección. Al tener acceso a datos en tiempo real sobre el desempeño de cada vendedor, se pueden identificar rápidamente áreas de mejora y tomar medidas correctivas según sea necesario.

Fomentar la transparencia y la responsabilidad: Es fundamental crear una cultura de transparencia y responsabilidad en toda la organización cuando se trata de prospección. Esto significa que los vendedores deben sentirse cómodos compartiendo su progreso y desafíos con sus colegas y supervisores, y deben ser alentados a buscar ayuda y orientación cuando sea necesario. Al fomentar la colaboración y el apoyo mutuo, se crea un ambiente donde todos están comprometidos con el éxito colectivo en la prospección.

Proporcionar retroalimentación regular:
Por último, pero no menos importante, es importante proporcionar retroalimentación regular y constructiva a los vendedores sobre su desempeño en la prospección. Esto podría implicar la realización de reuniones uno a uno periódicas para revisar el progreso, identificar áreas de mejora y establecer objetivos futuros. Al ofrecer orientación y apoyo individualizado, se ayuda a los vendedores a mantenerse enfocados y motivados en sus esfuerzos de prospección.

Establecer un proceso de rendición de cuentas claro y efectivo es fundamental para impulsar el éxito en la prospección. Al definir métricas claras, establecer metas alcanzables, implementar un sistema de seguimiento, fomentar la transparencia y proporcionar retroalimentación regular, se crea un entorno donde los vendedores pueden prosperar y alcanzar su máximo potencial en la generación de leads y el cierre de ventas.

13. Aprovecha el Momento Presente para Construir tu Futuro en Ventas

El éxito en la prospección no se trata solo de lo que haces hoy, sino también de cómo te preparas para el mañana. Esta mentalidad de "mañana comienza hoy" es fundamental para mantenerse en la cima de tu juego en el mundo de las ventas. Aquí hay algunas formas de ampliar y enriquecer este concepto:

Planificación estratégica: En lugar de simplemente dejar que cada día pase sin rumbo, tómate el tiempo al final de cada jornada para planificar y prepararte para el siguiente. Define claramente quiénes serán tus prospectos objetivo y qué objetivos específicos te propones alcanzar en tus interacciones con ellos. Tener una hoja de ruta clara te ayudará a mantenerte enfocado y orientado hacia resultados desde el principio.

Priorización de tareas: Una vez que hayas establecido tus objetivos para el día siguiente, es importante priorizar tus tareas en función de su importancia y urgencia. Identifica las actividades de prospección que tienen el mayor potencial de generar resultados y enfoca tu tiempo y energía en ellas primero. Esto te ayudará a maximizar tu eficiencia y productividad en tus esfuerzos de prospección.

Preparación adecuada: Antes de hacer cualquier contacto con prospectos, tómate el tiempo necesario para prepararte adecuadamente. Investiga a fondo a cada prospecto para comprender sus necesidades, desafíos y objetivos comerciales. Además, asegúrate de tener a mano toda la información y los recursos que puedas necesitar durante tus interacciones, desde materiales de ventas hasta demostraciones de productos.

Visualización del éxito: Al finalizar cada día, tómate un momento para visualizar el éxito que deseas lograr en tus esfuerzos de prospección. Imagina cómo te sentirás cuando alcances tus objetivos y visualiza los pasos específicos que darás para llegar allí. Esta práctica de visualización te ayudará a mantener una mentalidad positiva y enfocada en el éxito a medida que te prepares para el día siguiente.

Flexibilidad y adaptabilidad: Si bien es importante tener un plan claro para tus actividades de prospección, también es crucial ser flexible y adaptable en función de las circunstancias cambiantes. Reconoce que es posible que surjan imprevistos o que tus objetivos cambien a medida que avances en tu día. Mantente abierto a ajustar tu enfoque según sea necesario para maximizar tus oportunidades de éxito.

Recuerda que cada día es una oportunidad para avanzar hacia tus objetivos en la prospección de ventas. Aprovecha el momento presente para prepararte y planificar tus esfuerzos de prospección futuros, y estarás mejor posicionado para alcanzar el éxito en el competitivo mundo de las ventas.

14. Optimizando Tu Jornada de Trabajo para Priorizar la Prospección

Prospectando con Propósito: 50 Verdades Clave

En el vertiginoso mundo de las ventas, la gestión eficaz del tiempo es clave para el éxito, y dividir tu día en segmentos específicos puede ser una estrategia poderosa para maximizar tu productividad. Al dedicar un tiempo definido a la prospección cada día, te aseguras de que esta actividad crucial no se pierda entre otras tareas menos prioritarias. Aquí te presento algunas formas de expandir y mejorar esta idea:

Segmentación estratégica: Dividir tu día en segmentos de 90 minutos te permite enfocarte intensamente en una tarea específica durante un período de tiempo definido. Esto ayuda a evitar la multitarea y te permite sumergirte completamente en tus actividades de prospección sin distracciones. Identifica los momentos del día en los que estás más alerta y enfocado, y reserva esos segmentos para tus esfuerzos de prospección más intensivos.

Priorización de la prospección: Al dedicar al menos un segmento de 90 minutos a la prospección cada día, estás reconociendo la importancia de esta actividad para tu éxito en las ventas. Durante este tiempo, concéntrate en contactar a nuevos prospectos, seguir con los leads existentes y avanzar en el proceso de ventas. Utiliza este tiempo de manera estratégica para construir relaciones sólidas con tus prospectos y generar nuevas oportunidades de negocio.

Adaptación según la experiencia: Reconoce que la cantidad de tiempo que necesitas dedicar a la prospección puede variar según tu nivel de experiencia y el flujo de trabajo de tu empresa. Los nuevos vendedores pueden necesitar dedicar más tiempo a la prospección para construir su base de clientes y establecer relaciones sólidas en el mercado. A medida que adquieras experiencia y desarrolles una cartera de clientes sólida, es posible que puedas reducir el tiempo dedicado a la prospección y concentrarte más en cerrar ventas y brindar un excelente servicio al cliente.

Flexibilidad y ajuste: Si bien es importante tener un plan definido para tus actividades de prospección, también es fundamental ser flexible y adaptable a medida que surjan nuevas oportunidades o desafíos. Si encuentras que un segmento de 90 minutos no es suficiente para completar tus tareas de prospección, no dudes en ajustar tu horario para dedicar más tiempo a esta actividad crucial. La clave es encontrar el equilibrio adecuado que te permita maximizar tu eficiencia y efectividad en la prospección sin agotarte.

Reflexión y mejora: Al finalizar cada día, tómate un momento para reflexionar sobre tu desempeño en la prospección y identificar áreas de mejora. ¿Qué estrategias fueron más efectivas? ¿Dónde puedes hacer ajustes para mejorar en el futuro? Utiliza esta retroalimentación para ajustar tu enfoque y optimizar tu tiempo de prospección en los días siguientes.

Dividir tu día en segmentos de 90 minutos y dedicar al menos uno de esos segmentos a la prospección es una estrategia poderosa para maximizar tu productividad y éxito en las ventas. Al priorizar la prospección y utilizar tu tiempo de manera estratégica, estarás mejor posicionado para construir relaciones sólidas con tus prospectos y alcanzar tus objetivos de ventas a largo plazo.

15. Estrategias Efectivas para Maximizar tu Productividad en la Prospección

En el emocionante mundo de las ventas, la prospección es una parte fundamental para el éxito, y comenzar cada segmento de prospección con claridad y enfoque puede marcar la diferencia entre el éxito y el estancamiento. Aquí hay algunas formas de expandir y mejorar esta idea:

Definir objetivos específicos: Antes de sumergirte en cada sesión de prospección, tómate un momento para definir claramente tus objetivos específicos para ese período de tiempo. ¿Estás buscando contactar a un número específico de prospectos, concertar una cierta cantidad de reuniones o avanzar en el proceso de ventas con un cliente potencial clave? Al tener metas claras y tangibles en mente, te será más fácil mantenerte enfocado y motivado durante tu sesión de prospección.

Prospectando con Propósito: 50 Verdades Clave

Medir tu progreso: Además de establecer objetivos claros, también es importante identificar cómo medirás tu progreso hacia esos objetivos. ¿Seguirás el número de llamadas realizadas, las respuestas de correo electrónico recibidas o las reuniones programadas? Sea cual sea la métrica que elijas, asegúrate de que sea relevante y significativa para tus objetivos de prospección. Llevar un registro de tu progreso te permitirá evaluar rápidamente tu desempeño y hacer ajustes según sea necesario para mantener el rumbo hacia tus objetivos.

Autoresponsabilidad: Si bien es importante recibir apoyo y orientación de tus supervisores y colegas, al final del día, la responsabilidad última de tu éxito en la prospección recae en ti mismo. Asume la responsabilidad de tu actividad y tus resultados, y trabaja de manera proactiva para identificar y superar los obstáculos que puedan surgir en el camino. Cultiva una mentalidad de propietario y comprométete a dar lo mejor de ti en cada sesión de prospección.

Revisión y ajuste: Al finalizar cada sesión de prospección, tómate un momento para revisar tu desempeño y evaluar qué tan cerca estuviste de alcanzar tus objetivos. ¿Qué estrategias fueron más efectivas? ¿Qué puedes hacer de manera diferente la próxima vez para mejorar tus resultados? Utiliza esta información para ajustar y refinar tu enfoque en futuras sesiones de prospección, y estarás en el camino hacia un éxito aún mayor en la generación de leads y el cierre de ventas.

Comenzar cada segmento de prospección con claridad y enfoque es fundamental para maximizar tu productividad y éxito en las ventas. Al establecer objetivos específicos, medir tu progreso, asumir la responsabilidad de tu actividad y revisar y ajustar continuamente tu enfoque, estarás mejor posicionado para alcanzar tus metas de prospección y hacer crecer tu negocio de manera sostenible a largo plazo.

16. Cultivando una Mentalidad de Crecimiento a Través de la Autoevaluación Positiva

Después de cada segmento de prospección, tómate un momento para celebrar tus logros y evaluar tu desempeño. Este tiempo de autoevaluación es crucial para tu crecimiento personal y profesional en el mundo de las ventas. Aquí hay algunas formas de expandir y mejorar esta idea.

Reconocimiento de tus logros: La prospección puede ser una tarea desafiante y a menudo poco gratificante, por lo que es importante reconocer y celebrar tus logros, por pequeños que sean. ¿Lograste contactar a un prospecto clave? ¿Concertaste una reunión exitosa? Incluso si no alcanzaste todos tus objetivos durante el segmento de prospección, tómate un momento para apreciar el progreso que has hecho y reconocer tus esfuerzos.

Identificación de áreas de mejora: Además de celebrar tus logros, también es importante identificar áreas donde puedas mejorar en el futuro. ¿Hubo alguna estrategia que no funcionó como esperabas? ¿Te faltó la energía o la concentración durante el segmento de prospección? Identifica estas áreas de mejora y busca formas de abordarlas en futuros segmentos de prospección. La autoevaluación honesta y constructiva te ayudará a crecer y mejorar como vendedor.

Ajuste de tu enfoque: Basándote en tus logros y áreas de mejora identificadas, ajusta tu enfoque y estrategias para futuros segmentos de prospección. ¿Qué puedes hacer de manera diferente la próxima vez para maximizar tu éxito? Tal vez necesitas ser más selectivo en los prospectos que contactas, mejorar tus habilidades de comunicación o dedicar más tiempo a la preparación antes de cada sesión de prospección. Experimenta con diferentes enfoques y tácticas para descubrir lo que funciona mejor para ti.

Cultivo de una mentalidad de crecimiento: Al tomarte el tiempo para reflexionar y evaluar tu desempeño después de cada segmento de prospección, estás cultivando una mentalidad de crecimiento que te ayudará a alcanzar tu máximo potencial en las ventas. En lugar de ver los desafíos como obstáculos insuperables, aprende a verlos como oportunidades para crecer y mejorar. Con una mentalidad de crecimiento, estarás abierto a aprender de tus experiencias y a adaptarte según sea necesario para alcanzar tus metas de prospección.

Tómate 5 minutos después de cada segmento de prospección para celebrar tus logros, identificar áreas de mejora y ajustar tu enfoque para el futuro. Al cultivar una mentalidad de crecimiento a través de la autoevaluación positiva, estarás en el camino hacia el éxito sostenible en las ventas y el desarrollo personal y profesional continuo.

17. Dominando la Cadencia de Prospección para una Comunicación Efectiva

Cuando te embarcas en actividades de prospección, es esencial tener una comprensión clara de tu cadencia de seguimiento. Esto implica no solo conocer cuándo y cómo seguir con tus prospectos, sino también tener un proceso bien definido para guiar tus interacciones. Aquí hay algunas formas de expandir y mejorar esta idea.

Definir tu cadencia de seguimiento: Antes de comenzar cualquier actividad de prospección, es importante establecer una cadencia de seguimiento clara y bien definida. Esto incluye determinar la frecuencia y el tipo de mensajes que enviarás a tus prospectos, así como los canales que utilizarás para comunicarte con ellos. ¿Enviarás correos electrónicos de seguimiento después de cada llamada? ¿Realizarás seguimientos adicionales a través de llamadas telefónicas o mensajes de texto? Al tener una cadencia de seguimiento clara, te aseguras de mantener una comunicación constante y efectiva con tus prospectos a lo largo del proceso de ventas.

Crear un proceso de seguimiento: Además de establecer una cadencia de seguimiento, también es importante tener un proceso bien definido para guiar tus interacciones con tus prospectos. Esto puede incluir pasos específicos que seguirás en cada etapa del proceso de ventas, desde la calificación inicial hasta el cierre final. ¿Cuáles son los criterios que utilizarás para determinar si un prospecto está listo para avanzar al siguiente paso? ¿Qué acciones tomarás en cada etapa para avanzar en el proceso de ventas? Al tener un proceso claro y estructurado, te aseguras de mantener el rumbo hacia el éxito en tus esfuerzos de prospección.

Personalización y relevancia: A medida que sigas tu cadencia de seguimiento y sigas tu proceso de ventas, es importante asegurarte de que tus mensajes sean personalizados y relevantes para cada prospecto. Evita los mensajes genéricos y centrados en ti mismo, y en su lugar, concéntrate en proporcionar valor y abordar las necesidades específicas de cada prospecto. Utiliza la información que has recopilado sobre tus prospectos para adaptar tus mensajes y hacer que se destaquen entre la multitud.

Evaluación y ajuste: A medida que sigas tu cadencia de seguimiento y tu proceso de ventas, tómate el tiempo para evaluar regularmente tu desempeño y hacer ajustes según sea necesario. ¿Estás viendo resultados positivos de tu cadencia de seguimiento actual, o necesitas hacer ajustes para mejorar tu efectividad? ¿Hay áreas de tu proceso de ventas que podrían ser optimizadas para una mayor eficiencia y éxito? Al ser proactivo en la evaluación y ajuste de tu enfoque, te aseguras de mantener una ventaja competitiva en tus esfuerzos de prospección.

Tener una comprensión clara de tu cadencia de seguimiento y tu proceso de ventas es fundamental para una prospección efectiva. Al definir tu cadencia de seguimiento, crear un proceso de seguimiento estructurado, personalizar tus mensajes y evaluar regularmente tu desempeño, estarás mejor posicionado para construir relaciones sólidas con tus prospectos y cerrar más ventas en el competitivo mundo de las ventas.

18. Potenciando tu Prospección con Sistemas Efectivos de Soporte

Cuando se trata de prospección en ventas, aprovechar al máximo tus sistemas puede marcar una gran diferencia en tu éxito. Esto incluye no solo tener acceso a herramientas y tecnologías avanzadas, sino también establecer y mantener conceptos básicos que te ayuden a guiar tus interacciones diarias. Aquí te presento algunas formas de ampliar y mejorar esta idea:

Centralizando tus recursos: Una parte fundamental de aprovechar tus sistemas es asegurarte de que tengas acceso fácil y rápido a todos los recursos que necesitas para tus actividades de prospección. Esto incluye mantener guiones, preguntas frecuentes, materiales de ventas y cualquier otra información relevante en un lugar centralizado y fácilmente accesible. Utiliza herramientas como un sistema de gestión de relaciones con el cliente (CRM) o una plataforma de automatización de ventas para mantener organizados tus recursos y asegurarte de que estén al alcance de tu mano cuando los necesites.

Estableciendo guiones efectivos: Los guiones pueden ser una herramienta poderosa para guiar tus interacciones con prospectos y ayudarte a comunicar tu mensaje de manera clara y persuasiva. Tómate el tiempo para desarrollar y refinar guiones efectivos para diferentes escenarios de prospección, como llamadas en frío, correos electrónicos de seguimiento y reuniones de ventas. Personaliza tus guiones según las necesidades y características específicas de cada prospecto para maximizar su efectividad y adaptabilidad.

Creando preguntas poderosas: Además de los guiones, también es importante desarrollar una serie de preguntas poderosas que te ayuden a profundizar en las necesidades y deseos de tus prospectos. Estas preguntas pueden ayudarte a descubrir información importante, identificar oportunidades de venta y establecer una conexión más profunda con tus prospectos. Dedica tiempo a desarrollar una lista de preguntas abiertas y cerradas que puedas utilizar en tus interacciones diarias de prospección para obtener información valiosa y avanzar en el proceso de ventas.

Manteniendo una mentalidad flexible: Si bien es importante tener sistemas y procesos en su lugar, también es crucial mantener una mentalidad flexible y adaptativa a medida que interactúas con tus prospectos. Reconoce que cada prospecto es único y puede tener necesidades y preferencias diferentes, por lo que es importante ser capaz de adaptarte y ajustar tu enfoque según sea necesario. Mantente abierto a experimentar con diferentes enfoques y tácticas para encontrar lo que funciona mejor para ti y tus prospectos.

Evaluando y ajustando: Como con cualquier aspecto de tu proceso de ventas, es importante evaluar regularmente la efectividad de tus sistemas y hacer ajustes según sea necesario. ¿Están tus guiones y preguntas generando las respuestas que esperas? ¿Hay áreas donde puedes mejorar y optimizar tu enfoque? Tómate el tiempo para revisar y ajustar tus sistemas periódicamente para garantizar que estén alineados con tus objetivos de prospección y te ayuden a alcanzar el éxito en las ventas.

Aprovechar tus sistemas, incluidos guiones, preguntas y otros conceptos básicos, puede ser una estrategia poderosa para mejorar tu efectividad en la prospección en ventas. Al centralizar tus recursos, establecer guiones efectivos, desarrollar preguntas poderosas, mantener una mentalidad flexible y adaptativa, y evaluar y ajustar regularmente tus sistemas, estarás mejor equipado para construir relaciones sólidas con tus prospectos y cerrar más ventas en el competitivo mundo de las ventas.

19. Optimizando tu Estrategia de Prospección: Enfoque por Industria o Segmento

Una de las estrategias más efectivas en la prospección en ventas es concentrar tus esfuerzos en prospectar por industria o tipo de segmento. Esta táctica te permite aprovechar mejor tu tiempo y recursos, al mismo tiempo que te ayuda a construir confianza y credibilidad en tus interacciones con los prospectos. Aquí hay algunas formas de expandir y mejorar esta idea:

Identificar segmentos de mercado clave:
Antes de comenzar tu proceso de prospección, tómate el tiempo para identificar los segmentos de mercado que son más relevantes para tu producto o

servicio. ¿En qué industrias o nichos tienes una experiencia especializada o una oferta única? Al enfocar tus esfuerzos en segmentos específicos, puedes personalizar tu mensaje y aumentar tus posibilidades de éxito al dirigirte a prospectos que tienen una mayor probabilidad de estar interesados en lo que tienes para ofrecer.

Construir conocimiento y credibilidad: Al especializarte en prospectar por industria o tipo de segmento, puedes concentrar tus esfuerzos en convertirte en un experto en tu campo. Dedica tiempo a investigar y comprender los desafíos, necesidades y tendencias específicas de cada segmento de mercado, y utiliza este conocimiento para personalizar tu enfoque de ventas. Al demostrar un profundo entendimiento de las necesidades de tus prospectos y ofrecer soluciones que sean específicamente relevantes para su industria, puedes construir confianza y credibilidad más rápidamente y establecer relaciones sólidas con tus prospectos.

Maximizar la eficiencia: Al prospectar por industria o tipo de segmento, puedes maximizar la eficiencia de tus esfuerzos de prospección al enfocarte en un grupo más selecto de prospectos que tienen una mayor probabilidad de convertirse en clientes potenciales. Esto te permite utilizar tu tiempo y recursos de manera más efectiva, en lugar de dispersarlos en una amplia variedad de industrias o segmentos que pueden no ser tan relevantes para tu negocio. Al concentrar tus esfuerzos en prospectos que tienen un mayor potencial de conversión, puedes aumentar tus posibilidades de éxito y optimizar tu retorno de la inversión en la prospección.

Personalización del mensaje: Al dirigirte a prospectos dentro de una industria o segmento específico, puedes personalizar tu mensaje para que sea más relevante y atractivo para tu audiencia objetivo. Utiliza un lenguaje y ejemplos que resuenen con las necesidades y desafíos específicos de tu mercado objetivo, y muestra cómo tu producto o servicio puede ayudarles a superar esos desafíos y alcanzar sus objetivos comerciales. Al demostrar que entiendes las necesidades únicas de tu audiencia y puedes ofrecer soluciones que sean específicamente diseñadas para ellos, puedes aumentar significativamente tus posibilidades de éxito en la prospección.

Prospectar por industria o tipo de segmento puede ser una estrategia poderosa para optimizar tu proceso de prospección en ventas. Al concentrar tus esfuerzos en segmentos específicos de mercado, puedes construir conocimiento y credibilidad, maximizar la eficiencia de tus esfuerzos de prospección, y personalizar tu mensaje para que sea más relevante y atractivo para tu audiencia objetivo. Al hacerlo, estarás mejor posicionado para construir relaciones sólidas con tus prospectos y cerrar más ventas en el competitivo mundo de las ventas.

20.La Importancia del Enfoque y la Disciplina en la Prospección en Ventas

En el competitivo mundo de las ventas, el enfoque y la disciplina en la ejecución de tu plan de prospección son fundamentales para alcanzar el éxito. Estos elementos no solo te ayudan a mantener la consistencia en tus esfuerzos de prospección, sino que también te permiten superar los desafíos y obstáculos que puedan surgir en el camino hacia tus objetivos de ventas. Aquí hay algunas formas de expandir y mejorar esta idea:

Compromiso con el plan: El primer paso para una prospección exitosa es tener un plan claro y bien definido. Esto incluye establecer metas específicas, identificar tus prospectos objetivo y desarrollar estrategias efectivas para llegar a ellos. Una vez que tengas tu plan en su lugar, es crucial comprometerte a seguirlo con diligencia y determinación. Mantén tu plan a la vista y haz un compromiso firme contigo mismo para ejecutarlo con consistencia y perseverancia.

Mantener el enfoque: En un mundo lleno de distracciones y demandas constantes, mantener el enfoque en tus objetivos de prospección puede ser todo un desafío. Sin embargo, es crucial resistir la tentación de desviarte de tu camino y mantener tu atención centrada en las actividades que te acercarán más a tus metas de ventas. Esto puede implicar establecer límites claros, como bloquear tiempo específico en tu calendario para la prospección y minimizar las distracciones durante ese tiempo.

Desarrollar hábitos sólidos: **La disciplina en la prospección no se trata solo de fuerza de voluntad, sino también de desarrollar hábitos sólidos que te ayuden a mantener el rumbo hacia tus objetivos. Esto puede incluir establecer rutinas diarias para la prospección, como dedicar una hora cada mañana a realizar llamadas en frío o enviar correos electrónicos de seguimiento. Cuanto más integres estos hábitos en tu rutina diaria, más fácil será mantener la disciplina en tus esfuerzos de prospección a largo plazo.**

Aprender a superar la adversidad: **A lo largo de tu viaje de prospección, es inevitable que te encuentres con desafíos y contratiempos en el camino. Ya sea el rechazo de un prospecto, la falta de respuesta a tus mensajes o la competencia feroz en el mercado, es importante aprender a superar la adversidad y seguir adelante con determinación. Mantén una mentalidad**

positiva y enfócate en lo que puedes controlar, como tu propia actitud y esfuerzo, en lugar de preocuparte por lo que está fuera de tu control.

Busca apoyo y feedback: No tengas miedo de buscar apoyo y feedback de colegas, mentores o líderes de equipo en tu viaje de prospección. Compartir tus experiencias y desafíos con otros puede proporcionarte nuevas perspectivas y estrategias para superar obstáculos y mejorar tus resultados. Además, recibir apoyo y reconocimiento de tus compañeros puede ayudarte a mantener la motivación y la disciplina en tus esfuerzos de prospección a lo largo del tiempo.

El enfoque y la disciplina en la ejecución de tu plan de prospección son fundamentales para el éxito en las ventas. Al comprometerte con tu plan, mantener el enfoque en tus objetivos, desarrollar hábitos sólidos, aprender a superar la adversidad y buscar apoyo cuando sea necesario, estarás mejor posicionado para alcanzar tus metas de ventas y hacer crecer tu negocio de manera sostenible a largo plazo.

Prospectando con Propósito: 50 Verdades Clave

Al explorar estas verdades sobre la prospección en ventas, es fundamental considerar cómo aplicarlas para mejorar la efectividad de tu proceso. Si bien estas verdades no ofrecen respuestas definitivas, están diseñadas para orientarte en la dirección correcta y proporcionarte un marco sólido sobre el cual construir tu estrategia de prospección.

En última instancia, la responsabilidad recae en ti y en tus llamadas de ventas. Esto implica tomarte en serio la relación con el cliente y comprender que la prospección va mucho más allá de simplemente trazar un plan o reflexionar sobre ello. Lamentablemente, muchos vendedores sufren de una desconexión entre la teoría y la práctica. Quizás conozcas a alguien así, alguien que constantemente culpa a su proceso de ventas por su falta de éxito. El problema radica en que nunca han llevado a cabo plenamente el proceso que tienen, lo que significa que nunca han llegado a comprender su verdadero potencial.

Prospectando con Propósito: 50 Verdades Clave

Por lo tanto, es esencial no solo tener un proceso de prospección en su lugar, sino también ejecutarlo con diligencia y compromiso. La efectividad de tu proceso de ventas depende en gran medida de tu capacidad para implementarlo de manera consistente y enfocada. Esto implica seguir tus guiones, realizar un seguimiento con tus prospectos de manera oportuna y persistente, y estar preparado para adaptarte y ajustar tu enfoque según sea necesario.

Además, es importante reconocer que el éxito en la prospección no ocurre de la noche a la mañana. Requiere paciencia, perseverancia y una mentalidad de crecimiento. A medida que te comprometes con tu proceso de prospección y te esfuerzas por mejorar constantemente, estarás mejor equipado para alcanzar tus metas de ventas y establecer relaciones sólidas y duraderas con tus clientes. Recuerda, la verdadera magia ocurre cuando pasas de la planificación a la acción y realmente te comprometes con el proceso.

Capítulo 3
Explorando las 10 Verdades del Arte de la Llamada de Ventas

21. Al emprender actividades de prospección en ventas, es esencial tener claro cuál es tu objetivo antes de contactar a alguien.

Este paso fundamental te proporciona una dirección clara y te ayuda a maximizar la efectividad de cada interacción. Aquí hay algunas consideraciones adicionales para tener en cuenta al establecer tus objetivos de prospección:

Primero, es importante definir qué esperas lograr al contactar a un prospecto específico. ¿Estás buscando programar una reunión de descubrimiento para explorar sus necesidades y desafíos? ¿Quieres presentar una solución a un problema específico que crees que tu producto o servicio puede resolver? Al tener una meta clara en mente, puedes estructurar tu enfoque de prospección de manera más efectiva y aumentar tus posibilidades de éxito.

Además, considera el contexto y las circunstancias únicas de cada prospecto antes de establecer tus objetivos. ¿Cuál es su nivel de interés en tu oferta? ¿Cuál es su posición en la empresa y cuánta influencia tienen en el proceso de toma de decisiones? Estos factores pueden influir en tus objetivos y en la estrategia que elijas para abordar a cada prospecto.

Otro aspecto importante a tener en cuenta es la calidad sobre la cantidad. En lugar de simplemente tratar de contactar a tantas personas como sea posible, concéntrate en identificar a los prospectos que tienen el potencial de convertirse en clientes de alto valor. Esto significa dirigir tus esfuerzos hacia aquellos que tienen una necesidad real de tu producto o servicio y que tienen el poder adquisitivo para realizar una compra.

Por último, recuerda que tus objetivos de prospección deben ser realistas y alcanzables. Establece metas que sean específicas, medibles, alcanzables, relevantes y oportunas (SMART, por sus siglas en inglés). Esto te ayudará a mantener la motivación y a evaluar tu progreso de manera efectiva a medida que avanzas en tu proceso de prospección.

Tener claro cuál es tu objetivo antes de contactar a alguien es fundamental para una prospección exitosa en ventas. Al establecer metas específicas y realistas, considerar el contexto de cada prospecto y enfocarte en la calidad sobre la cantidad, estarás mejor preparado para aprovechar al máximo tus esfuerzos de prospección y alcanzar tus objetivos de ventas.

22. **En el mundo de las ventas, es fundamental comprender que una llamada de prospección nunca debe percibirse como una interrupción en el día de alguien, especialmente cuando tienes algo valioso que ofrecer.**

Más que una interrupción, una llamada de prospección bien realizada puede convertirse en una oportunidad de intervención, una oportunidad para ofrecer ayuda y soluciones a las necesidades y desafíos de tu prospecto.

Al adoptar esta mentalidad, reconoces que tienes la capacidad de agregar valor a la vida profesional de tu prospecto, ya sea proporcionando una solución a un problema que han estado enfrentando, ofreciendo una nueva perspectiva sobre un desafío empresarial o simplemente brindando información útil y relevante sobre tu producto o servicio. Al ver tus llamadas de prospección como una oportunidad para intervenir de manera positiva en la vida de alguien, te motivas a ti mismo a hacer esas llamadas con confianza y convicción.

Es importante recordar que tus prospectos también se benefician de tus llamadas de prospección. Si tienen un problema o necesidad que tu oferta puede resolver, estarán agradecidos de recibir tu llamada y aprender más sobre cómo puedes ayudarles. Incluso si no están actualmente buscando una solución, tu llamada puede plantar una semilla en su mente y crear conciencia sobre tu empresa y lo que tienes para ofrecer.

Además, al hacer esas llamadas de prospección, no solo estás ayudando a tus prospectos, sino también a ti mismo. Cada llamada es una oportunidad para desarrollar tus habilidades de ventas, perfeccionar tu mensaje y aprender más sobre las necesidades y preocupaciones de tu mercado objetivo. Cuantas más llamadas realices, más experiencia adquirirás y más efectivo serás en tu papel como vendedor.

Una llamada de prospección bien realizada es mucho más que una simple interrupción en el día de alguien. Es una oportunidad para intervenir de manera positiva y ofrecer ayuda y soluciones a las necesidades y desafíos de tus prospectos. Al adoptar esta mentalidad y hacer esas llamadas con confianza y convicción, estás creando oportunidades tanto para tus prospectos como para ti mismo, y avanzando en tu camino hacia el éxito en las ventas.

23.**Aunque en la era digital y de las redes sociales el correo electrónico y otras formas de comunicación en línea han ganado popularidad en el**

mundo de las ventas, no hay que subestimar el poder del teléfono como una herramienta efectiva de prospección.

Levantar el teléfono y hacer una llamada puede ser una estrategia valiosa para conectar con prospectos de manera directa y personal. Aquí hay algunas razones por las cuales el teléfono sigue siendo una herramienta relevante en la prospección en ventas:

Humaniza la interacción: A diferencia de los correos electrónicos y mensajes en redes sociales, una llamada telefónica permite una comunicación más directa y personal. Escuchar la voz de alguien puede ayudar a construir una conexión más rápida y significativa que simplemente leer un mensaje escrito. Además, el tono de voz y la entonación pueden transmitir emociones y matices que pueden perderse en la comunicación escrita.

Permite una respuesta inmediata: Cuando llamas a un prospecto, tienes la oportunidad de recibir una respuesta inmediata. Puedes abordar cualquier pregunta o inquietud que tengan en el momento y ofrecer una respuesta rápida y personalizada. Esto puede ayudar a avanzar en el proceso de ventas más rápidamente que esperar una respuesta por correo electrónico u otro medio de comunicación.

Facilita la construcción de relaciones: Una llamada telefónica puede ser una oportunidad para establecer una relación más sólida con un prospecto. A través de una conversación telefónica, puedes conocer mejor a tu prospecto, comprender sus necesidades y desafíos, y personalizar tu enfoque de ventas en consecuencia. Además, puedes aprovechar la oportunidad para responder a sus preguntas y brindarles información adicional sobre tu producto o servicio de manera más detallada que en un correo electrónico.

Ofrece una experiencia más memorable: En un mundo donde las comunicaciones digitales son cada vez más comunes, una llamada telefónica puede destacarse y dejar una impresión duradera en un prospecto. Una conversación telefónica personalizada y bien ejecutada puede hacer que tu empresa se destaque frente a la competencia y aumente la probabilidad de que el prospecto recuerde tu marca y considere trabajar contigo en el futuro.

Permite la captura de datos en tiempo real: Durante una llamada telefónica, puedes capturar datos importantes en tiempo real, como las reacciones del prospecto, sus preguntas y preocupaciones, y cualquier información adicional que puedas necesitar para seguir adelante en el proceso de ventas. Esto puede facilitar el seguimiento y la personalización de tus futuras interacciones con el prospecto.

Aunque el correo electrónico y otras formas de comunicación en línea son importantes en el mundo de las ventas, el teléfono sigue siendo una herramienta valiosa de prospección. Al levantar el teléfono y hacer una llamada, puedes humanizar la interacción, obtener una respuesta inmediata, construir relaciones sólidas, ofrecer una experiencia memorable y capturar datos importantes en tiempo real. Por lo tanto, no subestimes el poder del teléfono como una herramienta efectiva para conectar con prospectos y avanzar en el proceso de ventas.

24.Cuando se trata de prospectar en ventas, los mensajes de voz pueden ser una herramienta valiosa si se utilizan de manera adecuada.

Aunque a menudo se subestiman en comparación con otros métodos de comunicación, como el correo electrónico o las redes sociales, los mensajes de voz pueden ofrecer una forma directa y personal de conectarse con prospectos potenciales. Aquí hay algunas razones por las que los mensajes de voz cortos y concisos pueden ser efectivos en la prospección:

Personalización y humanización: Un mensaje de voz permite agregar un toque personal a tu interacción con el prospecto. Al escuchar tu voz, el prospecto puede sentir una conexión más genuina y humana que simplemente leer un correo electrónico. Esto puede ayudar a construir una relación más sólida desde el principio y establecer una base sólida para futuras interacciones.

Captura la atención del prospecto: En un mundo donde las bandejas de entrada de correo electrónico están llenas de mensajes no deseados, un mensaje de voz puede destacar y capturar la atención del prospecto de una manera única. Al dejar un mensaje corto y relevante, tienes la oportunidad de llamar la atención del prospecto y hacer que se interese en lo que tienes para ofrecer.

Transmite emoción y entusiasmo: A diferencia de un correo electrónico o un mensaje de texto, un mensaje de voz te permite transmitir emociones y entusiasmo a través de tu tono de voz. Esto puede ser especialmente efectivo cuando estás presentando una nueva oferta o compartiendo noticias emocionantes sobre tu producto o servicio. Tu entusiasmo puede ser contagioso y motivar al prospecto a tomar medidas.

Facilita el seguimiento: Después de dejar un mensaje de voz, puedes hacer un seguimiento adicional por correo electrónico o llamada telefónica para continuar la conversación. El mensaje de voz inicial sirve como una introducción efectiva y puede abrir la puerta para futuras interacciones. Además, el prospecto puede sentirse más inclinado a responder a tu mensaje de voz si reconoce tu nombre o empresa en futuras comunicaciones.

Al dejar un mensaje de voz efectivo, es importante mantenerlo corto y conciso. Esto significa identificar tu propósito principal de antemano y comunicarlo de manera clara y directa en tu mensaje. Evita divagar o incluir demasiada información, ya que esto puede abrumar al prospecto y disminuir la efectividad de tu mensaje.

Los mensajes de voz cortos y concisos pueden ser una herramienta efectiva de prospección en ventas cuando se utilizan correctamente. Al agregar un toque personal a tus interacciones, capturar la atención del prospecto, transmitir emociones y entusiasmo, y facilitar el seguimiento adicional, puedes aumentar tus posibilidades de éxito en la prospección y avanzar en el proceso de ventas.

25. Cuando se trata de prospectar en ventas, una de las claves para el éxito es permitir que tu personalidad brille en cada interacción, ya sea a través de una llamada telefónica, un correo electrónico o cualquier otro medio de comunicación.

Aquí hay algunas razones por las cuales mostrar tu personalidad puede ser beneficioso en el proceso de prospección:

Construye conexiones genuinas: Mostrar tu personalidad te ayuda a establecer conexiones genuinas con tus prospectos. Cuando muestras quién eres realmente y dejas que tu autenticidad brille, es más probable que los prospectos se sientan cómodos contigo y confíen en ti. Esto puede allanar el camino para una relación más sólida y duradera en el futuro.

Crea una impresión duradera: Tu personalidad única te distingue de la competencia y te ayuda a dejar una impresión duradera en los prospectos. Al mostrar tu autenticidad y singularidad, te destacas en la mente del prospecto y aumentas las posibilidades de que recuerden quién eres y qué representas.

Genera confianza: Mostrar tu personalidad puede ayudar a generar confianza con tus prospectos. Cuando eres honesto, genuino y transparente en tus interacciones, los prospectos tienden a confiar en ti más fácilmente y están más dispuestos a escuchar lo que tienes que decir. La confianza es fundamental en las ventas, y mostrar tu personalidad puede ser una forma efectiva de construir esa confianza desde el principio.

Hace que las interacciones sean más agradables: Mostrar tu personalidad puede hacer que las interacciones con los prospectos sean más agradables tanto para ti como para ellos. Cuando eres tú mismo y te diviertes en el proceso de prospección, es más probable que los prospectos disfruten hablando contigo y estén más abiertos a lo que tienes que decir.

Facilita la conexión emocional: Mostrar tu personalidad puede ayudar a crear una conexión emocional con tus prospectos. Cuando muestras tu lado humano y compartes tus intereses, pasiones y sentido del humor, es más probable que los prospectos se sientan conectados contigo a un nivel más profundo y estén más dispuestos a seguir adelante en el proceso de ventas.

Permitir que tu personalidad aparezca en cada llamada telefónica y correo de voz puede ser una estrategia efectiva en la prospección en ventas. Al ser auténtico, único y genuino en tus interacciones, puedes construir conexiones más fuertes, dejar una impresión duradera, generar confianza, hacer que las interacciones sean más agradables y facilitar una conexión emocional con tus prospectos. Por lo tanto, no tengas miedo de ser tú mismo y mostrar tu personalidad en el proceso de prospección: ¡puede marcar la diferencia entre el éxito y el fracaso en las ventas!

26.Aquellas personas que afirman que las "llamadas en frío" están

obsoletas suelen ser las mismas que tienen una aversión por hablar por teléfono y prefieren utilizar las redes sociales u otros medios digitales para llevar a cabo sus estrategias de venta.

Sin embargo, es importante reconocer que las llamadas en frío aún tienen un lugar relevante en el mundo de las ventas y pueden ser una herramienta efectiva cuando se utilizan adecuadamente. Aquí hay algunas razones por las cuales las llamadas en frío siguen siendo relevantes:

Conexión personalizada: A pesar del auge de las redes sociales y otras formas de comunicación digital, las llamadas telefónicas siguen siendo una forma de conexión personalizada y directa. A través de una llamada en frío, puedes establecer una conexión más profunda y genuina con tu prospecto, lo que puede ser difícil de lograr a través de mensajes en redes sociales o correos electrónicos.

*Rápida respuesta***:** Una llamada en frío te permite obtener una respuesta rápida y directa de tu prospecto. En lugar de esperar días o semanas para recibir una respuesta a un correo electrónico o mensaje en redes sociales, puedes obtener una respuesta inmediata durante una llamada en frío. Esto te permite avanzar más rápido en el proceso de ventas y tomar decisiones informadas sobre cómo proceder.

Mayor impacto: Una llamada en frío puede tener un impacto más significativo que un mensaje digital. Escuchar la voz de alguien puede ser más persuasivo y convincente que simplemente leer un mensaje escrito. Además, una conversación telefónica te brinda la oportunidad de responder a las objeciones y preocupaciones de manera inmediata, lo que puede ayudar a superar las barreras y avanzar en la conversación de ventas.

Feedback inmediato: Durante una llamada en frío, puedes obtener feedback inmediato de tu prospecto en tiempo real. Esto te permite ajustar tu enfoque de ventas sobre la marcha y adaptar tu mensaje para satisfacer las necesidades y preocupaciones específicas de tu prospecto. Este feedback en tiempo real puede ser invaluable para mejorar tus habilidades de ventas y aumentar tu éxito en la prospección.

Construcción de relaciones: A través de una llamada en frío, tienes la oportunidad de construir una relación más sólida y duradera con tu prospecto. Una conversación telefónica puede ayudar a establecer una conexión personal y emocional, lo que puede conducir a una relación comercial más fuerte y a largo plazo. Además, una llamada en frío te permite iniciar el proceso de construcción de relaciones desde el principio, lo que puede ser difícil de lograr a través de mensajes digitales.

Aunque algunas personas pueden considerar que las llamadas en frío están obsoletas, siguen siendo una herramienta valiosa en el arsenal de un vendedor cuando se utilizan de manera efectiva. Al aprovechar la conexión personalizada, la rápida respuesta, el mayor impacto, el feedback inmediato y la construcción de relaciones que ofrecen las llamadas en frío, puedes aumentar tus posibilidades de éxito en la prospección y avanzar en el proceso de ventas.

27. Llevar un registro detallado de tus prospectos y de la información relevante sobre la industria o segmento al que pertenecen es una práctica fundamental para el éxito a largo plazo en la prospección en ventas.

Aquí te explico por qué mantener notas específicas de prospectos y de la industria o segmento puede ser invaluable para tus objetivos comerciales a largo plazo:

Personalización de las interacciones: Al mantener notas específicas sobre tus prospectos, como detalles sobre sus intereses, necesidades, desafíos y preferencias de compra, puedes personalizar tus interacciones de manera más efectiva. Esto te permite adaptar tu mensaje y tu oferta para que sean más relevantes y atractivos para cada prospecto, lo que aumenta las posibilidades de éxito en la prospección.

Prospectando con Propósito: 50 Verdades Clave

Seguimiento más eficiente: Mantener notas detalladas de tus interacciones pasadas con cada prospecto te permite realizar un seguimiento más eficiente en el futuro. Puedes recordar fácilmente los temas discutidos anteriormente, los compromisos realizados y cualquier seguimiento pendiente, lo que te ayuda a mantener una comunicación consistente y a avanzar en el proceso de ventas de manera efectiva.

Identificación de patrones y tendencias: Al mantener notas de la industria o segmento al que pertenecen tus prospectos, puedes identificar patrones y tendencias importantes que pueden influir en tu estrategia de ventas. Por ejemplo, puedes detectar cambios en las necesidades del mercado, nuevas oportunidades de negocio o desafíos comunes que enfrentan tus prospectos, lo que te permite adaptar tu enfoque de ventas en consecuencia.

Generación de insights para futuras estrategias: La información recopilada a través de tus notas sobre prospectos y la industria o segmento puede proporcionarte insights valiosos que puedes utilizar para desarrollar futuras estrategias de ventas. Por ejemplo, puedes identificar áreas de oportunidad para expandir tu base de clientes, nichos de mercado no explorados o nuevas formas de abordar a tu público objetivo.

Construcción de relaciones sólidas: Mantener notas detalladas de tus interacciones con prospectos y de la información relevante sobre la industria o segmento muestra tu compromiso y atención al detalle. Esto puede ayudar a construir relaciones más sólidas y duraderas con tus prospectos, ya que demuestras un interés genuino en comprender sus necesidades y ofrecer soluciones que agreguen valor a su negocio.

Mantener notas específicas de prospectos y de la industria o segmento es esencial para tus objetivos comerciales a largo plazo en la prospección en ventas. Al personalizar tus interacciones, realizar un seguimiento eficiente, identificar patrones y tendencias, generar insights para futuras estrategias y construir relaciones sólidas, puedes aumentar tus posibilidades de éxito y establecer una base sólida para el crecimiento y la expansión de tu negocio.

28. Recuerda siempre que cada llamada de prospección tiene un propósito claro: avanzar en el proceso de ventas.

Para lograrlo de manera efectiva, es fundamental construir sobre la información previamente compartida y buscar obtener una nueva visión en cada interacción. Aquí te detallo cómo puedes hacerlo y por qué es importante:

Construir sobre información previa: Antes de realizar una llamada de prospección, es crucial revisar cualquier información previamente compartida por el prospecto. Esto te permite establecer una conexión más sólida desde el principio al demostrar que valoras y recuerdas las conversaciones anteriores. Utiliza esta información para personalizar tu enfoque y abordar las necesidades específicas del prospecto de manera más efectiva.

Buscar obtener una nueva visión: Durante cada llamada de prospección, tu objetivo principal es obtener una nueva visión sobre las necesidades y desafíos del prospecto. Haz preguntas abiertas y reflexivas para fomentar la conversación y profundizar tu comprensión de su situación. Esto te proporciona información invaluable que puedes utilizar para adaptar tu oferta y presentar soluciones que sean realmente relevantes y valiosas para el prospecto.

Establecer un tiempo para volver a hablar: Al finalizar cada llamada de prospección, es importante asegurar un compromiso para volver a hablar en el futuro cercano. Esto demuestra tu interés en continuar la conversación y seguir apoyando al prospecto en su proceso de toma de decisiones. Propón una fecha y hora específicas para la próxima llamada o reunión, y confirma el compromiso del prospecto para garantizar un seguimiento efectivo.

Mantener la comunicación abierta:
Además de establecer un tiempo para volver a hablar, es fundamental mantener abiertas

las líneas de comunicación entre llamadas. Envía un correo electrónico de seguimiento agradeciendo al prospecto por su tiempo y reiterando los puntos clave discutidos durante la llamada. Esto ayuda a mantener tu marca en la mente del prospecto y refuerza tu compromiso de apoyarlo en su proceso de toma de decisiones.

Al seguir estos pasos, puedes asegurarte de que cada llamada de prospección sea productiva y contribuya al avance del proceso de ventas. Al construir sobre información previa, buscar obtener una nueva visión, establecer un tiempo para volver a hablar y mantener la comunicación abierta, estás creando una base sólida para construir relaciones sólidas con tus prospectos y cerrar más negocios en el futuro.

29. **Es importante no sucumbir al mito de que las llamadas telefónicas no son efectivas y que el correo electrónico es la única forma de comunicarse con los prospectos.**

Esta creencia errónea es común entre aquellos que temen hacer llamadas telefónicas y, en realidad, podrían no ser adecuados para la profesión de ventas. Aquí te explico por qué esta idea es incorrecta y por qué las llamadas telefónicas siguen siendo una herramienta invaluable en la prospección de ventas:

Conexión humana: A pesar de los avances tecnológicos, las llamadas telefónicas siguen siendo una de las formas más efectivas de establecer una conexión humana con los prospectos. A través de una conversación telefónica, puedes transmitir emociones, tono de voz y entonación, lo que permite una comunicación más rica y auténtica que los correos electrónicos.

Rapidez en la respuesta: Las llamadas telefónicas ofrecen la ventaja de obtener una respuesta inmediata. En lugar de esperar días o semanas para recibir una respuesta a un correo electrónico, puedes obtener una respuesta instantánea durante una llamada telefónica. Esto te permite avanzar rápidamente en el proceso de ventas y tomar decisiones informadas sobre cómo proceder.

Personalización: Durante una llamada telefónica, tienes la oportunidad de personalizar tu mensaje según las respuestas y reacciones del prospecto en tiempo real. Puedes adaptar tu enfoque según las necesidades y preocupaciones específicas del prospecto, lo que aumenta las posibilidades de éxito en la prospección.

Superación de objeciones: Una conversación telefónica te brinda la oportunidad de abordar las objeciones y preocupaciones del prospecto de manera inmediata. Puedes responder a sus preguntas, disipar sus dudas y ofrecer soluciones prácticas en el momento, lo que puede ayudar a superar las barreras y avanzar en el proceso de ventas.

Construcción de relaciones: Las llamadas telefónicas permiten construir relaciones más sólidas y duraderas con los prospectos. A través de una conversación telefónica, puedes establecer una conexión personal y emocional, lo que puede generar confianza y lealtad a largo plazo.

No caigas en el mito de que las llamadas telefónicas no son efectivas en la prospección de ventas. Aunque el correo electrónico puede ser útil en ciertos contextos, las llamadas telefónicas siguen siendo una herramienta invaluable para establecer conexiones humanas, obtener respuestas rápidas, personalizar tu mensaje, superar objeciones y construir relaciones sólidas con los prospectos. Por lo tanto, no temas levantar el teléfono y hacer esas llamadas: ¡pueden marcar la diferencia entre el éxito y el fracaso en las ventas!

30. Es esencial mantener la calma y la compostura durante el proceso de prospección en ventas, ya sea durante una llamada telefónica o al recibir una respuesta por correo electrónico.

Aquí hay algunas razones por las que es importante no permitir que una interacción negativa descarrile emocionalmente tu enfoque en la prospección:

Prospectando con Propósito: 50 Verdades Clave

Profesionalismo: Mantener la calma y la compostura demuestra profesionalismo y confianza en ti mismo. Los prospectos están más inclinados a confiar en un vendedor que se muestra sereno y seguro de sí mismo, incluso ante situaciones desafiantes o negativas.

Enfoque en soluciones: Perder la compostura puede llevar a respuestas emocionales impulsivas que no son constructivas. En lugar de dejar que las emociones tomen el control, es importante mantener el enfoque en encontrar soluciones y seguir adelante con la conversación de manera productiva.

Resiliencia: En el mundo de las ventas, es inevitable enfrentarse a rechazos y objeciones. Mantener la calma y la compostura te ayuda a desarrollar resiliencia y a superar estos desafíos de manera efectiva. En lugar de desanimarte por un rechazo, puedes aprender de la experiencia y utilizarla para mejorar en el futuro.

Perspectiva a largo plazo: Una llamada o respuesta negativa no define tu éxito en ventas a largo plazo. Es importante mantener una perspectiva a largo plazo y recordar que cada interacción es una oportunidad para aprender y crecer. Mantener la calma te permite mantener esta perspectiva y seguir avanzando hacia tus objetivos a pesar de los obstáculos temporales.

Empatía: Al mantener la calma y la compostura, puedes mostrar empatía hacia el prospecto y comprender mejor sus preocupaciones y necesidades. Esto te permite ofrecer un enfoque más empático y comprensivo, lo que puede mejorar la calidad de la interacción y fortalecer la relación con el prospecto a largo plazo.

Nunca subestimes el poder que tienes para ayudar a los demás, incluso en situaciones desafiantes o negativas durante el proceso de prospección en ventas. Mantener la calma y la compostura te permite mantener el enfoque en soluciones, desarrollar resiliencia, mantener una perspectiva a largo plazo, mostrar empatía y seguir adelante hacia tus objetivos con confianza y determinación.

Capítulo 4
Verdades sobre la prospección digital: Redes sociales y correo electrónico

Es esencial desafiarse a uno mismo diariamente en el mundo de las ventas. Sin embargo, hay un mito que necesitamos desacreditar: la venta social no es ni social ni vendedora. Sé que al decirlo puedo molestar a algunos, pero como parte de estas verdades de la prospección, es crucial sacarlo a la luz.

Muchos vendedores se enfrentan al fracaso porque buscan el camino fácil. Confían ciegamente en los correos electrónicos y las redes sociales como sus únicas herramientas de ventas. Pero la verdad es que el éxito en las ventas requiere más que eso.

Es momento de desmantelar este mito. El trabajo duro es el núcleo de cualquier éxito en ventas. No se puede esperar que las ventas lleguen mágicamente a través de las redes sociales o los correos electrónicos.

Prospectando con Propósito: 50 Verdades Clave

Temer las conversaciones reales y el posible rechazo es algo común, pero superarlo es esencial para avanzar.

Mi regla favorita, la #39, lo dice claramente: "La fortuna favorece a los audaces". Persistiré en esta verdad hasta que se desvanezca el mito de las ventas sociales. La realidad es que, si deseas tener éxito en las ventas, debes comprometerte plenamente, incluso si eso significa enfrentarte con valentía al teléfono.

Si no estás de acuerdo, lo entiendo y respeto tu opinión. Sin embargo, te presentaré ejemplos de compañías que han priorizado las llamadas telefónicas sobre los correos electrónicos y las redes sociales, y han obtenido resultados probados.

Zendesk: Esta empresa de software de servicio al cliente adoptó una estrategia centrada en las llamadas telefónicas para prospectar nuevos clientes. A través de equipos de ventas altamente capacitados y enfocados en el contacto directo con los prospectos por teléfono, Zendesk logró aumentar significativamente sus tasas de conversión y cerrar acuerdos más rápidamente que mediante el uso exclusivo de correos electrónicos o redes sociales.

HubSpot: HubSpot, una plataforma de marketing y ventas, ha enfocado gran parte de sus esfuerzos de prospección en la comunicación telefónica. Aunque utilizan activamente el correo electrónico y las redes sociales para nutrir a los prospectos, reconocen el valor único de las conversaciones telefónicas en la etapa inicial del proceso de ventas. Esto les ha permitido establecer relaciones más sólidas con los prospectos y cerrar negocios de manera más efectiva.

Salesforce: Salesforce, líder en software de gestión de relaciones con los clientes (CRM), ha demostrado que las llamadas telefónicas son una herramienta invaluable para la prospección de ventas. A través de equipos de ventas bien entrenados y enfocados en la comunicación telefónica directa, Salesforce ha logrado mantener una sólida cartera de clientes y continuar expandiendo su base de clientes de manera constante.

Oracle: Oracle, una de las empresas líderes en software empresarial, también ha priorizado las llamadas telefónicas en su estrategia de prospección. Reconocen que las conversaciones telefónicas permiten una comunicación más directa y personalizada con los prospectos, lo que les ha ayudado a identificar mejor las necesidades de los clientes y cerrar acuerdos más grandes y rentables.

Natura: Esta empresa brasileña de productos de belleza y cuidado personal ha utilizado activamente las llamadas telefónicas como parte de su estrategia de ventas directas. Los representantes de ventas de Natura suelen realizar llamadas telefónicas a clientes potenciales para ofrecerles productos y promociones exclusivas, lo que ha contribuido significativamente a su éxito en el mercado.

Grupo Bimbo: Como una de las empresas líderes en la industria de alimentos en América Latina, Grupo Bimbo ha incorporado las llamadas telefónicas en su estrategia de ventas para llegar a nuevos clientes y mantener relaciones sólidas con los existentes. Los representantes de ventas de Grupo Bimbo a menudo utilizan el teléfono para hacer seguimiento de pedidos, resolver problemas de servicio al cliente y ofrecer nuevos productos a los clientes potenciales.

Falabella: Esta empresa chilena de retail ha utilizado las llamadas telefónicas como una herramienta efectiva para la prospección de ventas en su división de servicios financieros. Los agentes de ventas de Falabella suelen realizar llamadas a clientes potenciales para ofrecerles tarjetas de crédito, préstamos y otros servicios financieros, lo que les ha permitido expandir su base de clientes y aumentar sus ingresos.

Cemex: Como una de las principales empresas de materiales de construcción en América Latina, Cemex ha incorporado las llamadas telefónicas en su estrategia de ventas para llegar a nuevos clientes en la industria de la construcción. Los representantes de ventas de Cemex a menudo utilizan el teléfono para ofrecer sus productos y servicios a contratistas, arquitectos y desarrolladores, lo que ha contribuido al crecimiento continuo de la empresa en la región.

No estoy desestimando el valor de las redes sociales y el correo electrónico en absoluto, pero es importante reconocer que, para triunfar en las ventas, se necesita un enfoque integral y valiente, dispuesto a usar todas las herramientas disponibles, incluido el teléfono.

31. Cuando se trata de prospectar en ventas, es esencial aportar un nuevo valor a cada mensaje que envías, independientemente del canal que utilices: ya sea por teléfono, correo de voz, mensaje de texto o correo electrónico. Aquí hay algunas ideas para hacerlo de manera efectiva:

Prospectando con Propósito: 50 Verdades Clave

Personalización: Antes de contactar a un prospecto, investiga sobre su empresa, industria y desafíos específicos. Utiliza esta información para personalizar tu mensaje y mostrar cómo tus productos o servicios pueden abordar sus necesidades de manera única.

Enfoque en los beneficios: En lugar de centrarte en las características de tu producto o servicio, destaca los beneficios que ofrece. ¿Cómo puede ayudar tu solución a resolver los problemas o mejorar la vida del prospecto? Comunica estos beneficios de manera clara y convincente en tu mensaje.

Propuesta de valor única: Identifica y comunica tu propuesta de valor única (PVU) en cada mensaje. ¿Qué te diferencia de la competencia? Ya sea tu experiencia, tecnología innovadora o un enfoque personalizado, asegúrate de destacar lo que te hace especial y por qué el prospecto debería elegirte a ti.

Oferta especial o exclusiva: Considera incluir una oferta especial o exclusiva en tu mensaje para incentivar la acción por parte del prospecto. Esto podría ser un descuento, una prueba gratuita o un beneficio adicional que agregue valor a tu propuesta.

Llamada a la acción clara: Finaliza tu mensaje con una llamada a la acción clara y específica. ¿Qué acción quieres que tome el prospecto después de leer tu mensaje? Ya sea programar una reunión, descargar un recurso o responder con preguntas, asegúrate de indicar claramente el siguiente paso.

Seguimiento personalizado: Después de enviar tu mensaje inicial, realiza un seguimiento personalizado para mantener la conversación y profundizar la relación con el prospecto. Esto podría ser a través de una llamada de seguimiento, un correo electrónico de seguimiento o un mensaje de texto para verificar si tienen alguna pregunta o inquietud.

Al aportar un nuevo valor a cada mensaje que envíes, demuestras tu compromiso con el éxito del prospecto y aumentas tus posibilidades de convertirlos en clientes.

Recuerda mantener el enfoque en cómo puedes ayudar y agregar valor, y estarás en el camino hacia una prospección más efectiva y exitosa.

32.Cuando se trata de prospectar en ventas a través del correo electrónico, es crucial tener claro que tu objetivo no es proporcionar toda la información de una vez.

En lugar de eso, debes enfocarte en proporcionar información suficiente para despertar el interés del prospecto y motivarlo a tomar la iniciativa de contactarte.

Aquí hay algunas estrategias para lograrlo de manera efectiva:

Contenido relevante y conciso: Asegúrate de que el contenido de tu correo electrónico sea relevante para el prospecto y esté presentado de manera concisa y clara. Identifica los puntos clave que puedan interesar al prospecto y comunícalos de manera efectiva en el cuerpo del correo electrónico.

Generación de curiosidad: En lugar de revelar todos los detalles de tu oferta de inmediato, utiliza tu correo electrónico para generar curiosidad en el prospecto. Proporciona suficiente información para despertar su interés y motivarlo a querer saber más, pero deja espacio para que tome la decisión de contactarte para obtener más detalles.

Llamada a la acción persuasiva: Finaliza tu correo electrónico con una llamada a la acción persuasiva que invite al prospecto a tomar medidas. Puedes sugerir que se pongan en contacto contigo para programar una llamada o una reunión, o que visiten tu sitio web para obtener más información. Sea cual sea la acción que desees que tomen, asegúrate de que sea clara, específica y fácil de seguir.

Personalización: Personaliza tu correo electrónico tanto como sea posible para que se adapte a las necesidades y preocupaciones específicas del prospecto. Utiliza su nombre, menciona información relevante sobre su empresa o industria, y demuestra que has hecho tu tarea investigando sobre ellos antes de enviar el correo electrónico.

Seguimiento adecuado: Después de enviar el correo electrónico inicial, realiza un seguimiento adecuado para mantener la conversación y profundizar la relación con el prospecto. Esto podría incluir enviar correos electrónicos de seguimiento adicionales, hacer una llamada telefónica de seguimiento o conectarse a través de las redes sociales.

Al proporcionar información suficiente pero no excesiva en tus correos electrónicos de prospección, permites que el prospecto tome la decisión de contactarte, lo que aumenta las posibilidades de que la interacción sea más receptiva y productiva. Recuerda siempre mantener el enfoque en agregar valor y resolver los problemas del prospecto, y estarás en el camino hacia una prospección más efectiva y exitosa.

33. La importancia de la persistencia en la prospección de ventas no puede subestimarse, y esta frase

encarna ese principio: *"Siempre hay tiempo para hacer una llamada más".*

Aquí hay algunas razones por las cuales esta mentalidad es fundamental en la prospección:

Maximización de oportunidades: Nunca se sabe cuándo una llamada adicional podría convertirse en una oportunidad de ventas. Mantenerse dedicado y dispuesto a realizar una llamada más puede abrir nuevas puertas y llevar a conexiones valiosas que de otra manera podrían haberse perdido.

Superación de obstáculos: A menudo, la venta se trata de superar obstáculos y resistencias. Hacer una llamada más puede significar la diferencia entre obtener un "sí" o un "no", especialmente cuando se trata de prospectos que necesitan un poco más de persuasión para comprometerse.

Construcción de relaciones: La consistencia en la comunicación es clave para construir relaciones sólidas con los prospectos. Al hacer una llamada más, estás demostrando tu compromiso y tu interés genuino en ayudar al prospecto a resolver sus problemas y alcanzar sus objetivos.

Demostración de persistencia: La persistencia es una cualidad invaluable en ventas. Al hacer una llamada más, estás demostrando tu determinación y tu voluntad de hacer lo que sea necesario para alcanzar tus metas. Esta persistencia puede ser percibida por los prospectos como una señal de profesionalismo y dedicación.

Aprovechamiento del tiempo: Aunque puede parecer que no hay tiempo suficiente en el día, la realidad es que siempre podemos encontrar un momento para hacer una llamada más. Aprovecha al máximo cada oportunidad y haz un esfuerzo adicional para avanzar en tus objetivos de ventas.

La mentalidad de "siempre hay tiempo para hacer una llamada más" es fundamental en la prospección de ventas. Al mantener esta actitud y dedicación, puedes maximizar las oportunidades, superar obstáculos, construir relaciones sólidas, demostrar persistencia y aprovechar al máximo tu tiempo para alcanzar el éxito en las ventas.

34. Es vital recordar que el correo electrónico, aunque útil, no debería ser la única herramienta en tu arsenal de prospección de ventas.

Aquí hay algunas razones por las cuales es importante diversificar tus métodos de prospección:

Variedad de enfoques: Dependiendo únicamente del correo electrónico puede limitar tus oportunidades de conectar con prospectos potenciales. Al combinar el correo electrónico con otras estrategias, como llamadas telefónicas, reuniones en persona, redes sociales, entre otras, puedes ampliar tu alcance y llegar a una audiencia más amplia.

Construcción de relaciones más sólidas: Las interacciones cara a cara o por teléfono tienden a ser más personales y permiten una comunicación más efectiva que los correos electrónicos. Al tener conversaciones directas, puedes establecer relaciones más sólidas con tus prospectos y comprender mejor sus necesidades y deseos.

Superación de las barreras de comunicación: A veces, los correos electrónicos pueden perderse en la bandeja de entrada del prospecto o ser ignorados. Al utilizar una variedad de métodos de prospección, puedes superar estas barreras de comunicación y aumentar tus posibilidades de éxito al llegar a tus prospectos de manera más efectiva.

Demostración de compromiso: Diversificar tus métodos de prospección muestra tu compromiso y dedicación para conectarte con tus prospectos de manera significativa. Muestra que estás dispuesto a adaptarte y utilizar diferentes enfoques para alcanzar tus objetivos de ventas.

Mejora de la efectividad: Al combinar diferentes herramientas y estrategias de prospección, puedes mejorar la efectividad de tus esfuerzos de ventas. Cada método tiene sus propias fortalezas y debilidades, y al utilizar una combinación de ellos, puedes aprovechar al máximo sus beneficios y minimizar sus limitaciones.

Es importante recordar que el correo electrónico no debe ser tu única herramienta de prospección. Al diversificar tus métodos de prospección, puedes ampliar tu alcance, construir relaciones más sólidas, superar barreras de comunicación, demostrar compromiso y mejorar la efectividad de tus esfuerzos de ventas.

35. **Cuando te encuentres en una encrucijada sobre cómo proceder en tu proceso de prospección de ventas, recuerda esta regla de oro: *"En caso de duda, levante el teléfono y realice la llamada"***

Claridad en la comunicación: A menudo, las conversaciones telefónicas permiten una comunicación más clara y directa que los correos electrónicos o los mensajes de texto. Puedes aclarar cualquier malentendido de manera inmediata y obtener respuestas a tus preguntas de manera más efectiva.

Prospectando con Propósito: 50 Verdades Clave

Conexión personal: Las llamadas telefónicas ofrecen la oportunidad de establecer una conexión personal con tu prospecto. Puedes escuchar su tono de voz, detectar sus emociones y responder de manera empática a sus preocupaciones. Esta conexión personal puede ayudar a construir relaciones más sólidas y duraderas con tus prospectos.

Rapidez en la respuesta: En situaciones donde necesitas una respuesta rápida o urgente, levantar el teléfono y realizar una llamada puede ser la mejor opción. Puedes obtener una respuesta inmediata y tomar decisiones rápidas en lugar de esperar a que el prospecto responda a un correo electrónico o mensaje.

Resolución de objeciones: Las llamadas telefónicas te permiten abordar las objeciones de manera más efectiva que otros métodos de comunicación. Puedes escuchar las preocupaciones del prospecto en tiempo real y ofrecer soluciones o aclaraciones de inmediato, lo que puede ayudar a superar cualquier objeción y avanzar en el proceso de ventas.

Demonstración de compromiso: Levantar el teléfono y realizar una llamada demuestra tu compromiso y determinación para conectarte con tus prospectos. Muestra que estás dispuesto a invertir tiempo y esfuerzo en la relación y en entender las necesidades de tu prospecto.

Cuando te encuentres en una situación de duda en tu proceso de prospección de ventas, no tengas miedo de levantar el teléfono y realizar una llamada. Esta acción puede proporcionarte claridad en la comunicación, establecer una conexión personal, obtener respuestas rápidas, resolver objeciones y demostrar tu compromiso con el éxito de la relación con tus prospectos.

36.La importancia de una conversación telefónica directa en comparación con el intercambio de correos electrónicos es fundamental en la prospección de ventas.

Comprensión inmediata: En una llamada telefónica, puedes captar de inmediato las emociones, el tono de voz y las expresiones del prospecto. Esto te proporciona una comprensión mucho más profunda y rápida de su situación y sus necesidades en comparación con el intercambio de correos electrónicos.

Clarificación de detalles: Durante una llamada telefónica, puedes hacer preguntas directas y aclarar cualquier detalle que no esté claro. Esto evita malentendidos y confusiones que pueden surgir en el intercambio de correos electrónicos, donde la comunicación puede ser menos fluida y más propensa a la interpretación errónea.

Conexión personal: Las conversaciones telefónicas permiten establecer una conexión personal más sólida con el prospecto. Puedes crear confianza y rapport de manera más efectiva a través de la comunicación verbal y el intercambio directo, lo que es crucial para construir relaciones sólidas en ventas.

Rápida resolución de problemas: En una llamada telefónica, puedes abordar de inmediato cualquier problema o preocupación que pueda surgir. Esto te permite avanzar rápidamente en el proceso de ventas y superar cualquier obstáculo que pueda estar impidiendo el progreso.

Eficiencia en el tiempo: Una breve llamada telefónica puede ser mucho más eficiente en términos de tiempo que el intercambio de múltiples correos electrónicos durante un período prolongado. Te permite obtener la información que necesitas de manera rápida y efectiva, sin la necesidad de esperar días o semanas para obtener una respuesta.

Una breve llamada telefónica puede proporcionarte una comprensión más profunda y rápida de tus prospectos en comparación con el intercambio de correos electrónicos. Te permite aclarar detalles, establecer una conexión personal, resolver problemas rápidamente y ser más eficiente en el uso del tiempo. Por lo tanto, es una herramienta invaluable en la prospección de ventas.

37. La investigación es una parte crucial del proceso de prospección de ventas, pero es importante no

dejar que el deseo de obtener más información se convierta en una barrera para realizar la llamada.

Acción inmediata: La investigación puede ser interminable, especialmente en la era digital donde hay una gran cantidad de información disponible en línea. Sin embargo, es importante tomar medidas inmediatas y ponerse en contacto con el prospecto lo antes posible. Hacer la llamada te permite iniciar el proceso de ventas y avanzar en la relación con el prospecto.

Información directa: Aunque la investigación previa puede proporcionar información útil sobre el prospecto, nada supera el obtener información directamente de la fuente. La llamada te permite obtener información precisa y actualizada sobre las necesidades, deseos y desafíos del prospecto, lo que es fundamental para adaptar tu enfoque de ventas de manera efectiva.

Conexión personal: Hacer la llamada te brinda la oportunidad de establecer una conexión personal con el prospecto desde el principio. Esto es crucial para construir relaciones sólidas en ventas y establecer confianza y rapport con el prospecto.

Agilidad en la respuesta: La prospección de ventas es un proceso dinámico que requiere agilidad y capacidad de adaptación. Al hacer la llamada, puedes obtener respuestas rápidas a tus preguntas y adaptar tu enfoque según las necesidades y preferencias del prospecto de manera instantánea.

Superación del miedo: A menudo, el miedo al rechazo o a la confrontación puede impedir que hagamos la llamada. Sin embargo, enfrentar este miedo y tomar acción te ayudará a desarrollar confianza y habilidades en ventas a largo plazo.

Aunque la investigación es importante en el proceso de prospección de ventas, es fundamental no dejar que se interponga en el camino para hacer la llamada. Hacer la llamada te permite tomar acción inmediata, obtener información directa, establecer una conexión personal, ser ágil en la respuesta y superar el miedo al rechazo. Por lo tanto, es esencial priorizar la acción y tomar el primer paso hacia la construcción de relaciones sólidas con tus prospectos.

38. *En el mundo actual, las redes sociales juegan un papel significativo en el proceso de prospección de ventas.*

Sin embargo, es esencial recordar que cada minuto dedicado a las redes sociales debe ser productivo y contribuir a tus objetivos de ventas.

Establece objetivos claros: Antes de sumergirte en las redes sociales, identifica tus objetivos específicos de prospección. ¿Estás buscando nuevos prospectos, fortalecer relaciones existentes o aumentar la visibilidad de tu marca? Establecer metas claras te ayudará a enfocar tu tiempo y energía de manera más efectiva.

Conoce a tu audiencia: Investiga y comprende a tu audiencia objetivo para determinar qué plataformas de redes sociales son más relevantes para ellos. ¿Dónde pasan la mayor parte de su tiempo?

¿Qué tipo de contenido prefieren consumir? Al dirigirte a las plataformas adecuadas, aumentarás tus posibilidades de llegar a prospectos potenciales de manera efectiva.

Participa de manera activa: No te limites a observar pasivamente en las redes sociales; participa de manera activa en las conversaciones relevantes para tu industria. Comenta publicaciones, comparte contenido valioso y conecta con prospectos potenciales de manera auténtica. La participación activa te ayudará a construir relaciones sólidas y a establecer tu presencia en línea.

Mide tu rendimiento: Haz un seguimiento del tiempo que pasas en las redes sociales y evalúa regularmente tu rendimiento. ¿Estás alcanzando tus objetivos de prospección? ¿Estás viendo un retorno de inversión positivo en términos de generación de leads y cierre de ventas? Ajusta tu estrategia según sea necesario para maximizar tu efectividad en las redes sociales.

Fomenta la conversión: El objetivo final de tu actividad en las redes sociales debe ser convertir prospectos en clientes. Asegúrate de incluir llamadas a la acción claras y relevantes en tu contenido y de dirigir a los prospectos hacia el siguiente paso en el proceso de ventas, ya sea una llamada telefónica, una reunión en persona o una demostración de producto.

Cada minuto que pases en las redes sociales debe contribuir de manera significativa a tus objetivos de prospección de ventas. Al establecer objetivos claros, conocer a tu audiencia, participar de manera activa, medir tu rendimiento y fomentar la conversión, puedes aprovechar al máximo tu tiempo en las redes sociales y aumentar tu éxito en la prospección de ventas.

39. **El número de "clics", "me gusta" o "acciones" que recibas en las redes sociales puede ser indicativo del compromiso y la interacción de tu audiencia, pero al final del día, no puedes depositarlos en el banco.**

Enfoque en resultados tangibles: Si bien es emocionante ver un aumento en la interacción en las redes sociales, lo que realmente importa son los resultados tangibles en términos de generación de leads, cierre de ventas y aumento de los ingresos. En última instancia, son estas conversiones las que impulsarán el crecimiento de tu negocio y contribuirán a tu éxito financiero.

Valor real de las relaciones: Si bien las interacciones en las redes sociales pueden ayudar a construir relaciones y aumentar la conciencia de marca, es importante recordar que el verdadero valor está en las relaciones sólidas y duraderas que generan oportunidades de ventas reales. Estas relaciones se basan en la confianza, la credibilidad y el compromiso genuino, no solo en "me gusta" o "compartir".

Conversión de prospectos en clientes: El objetivo final de la prospección de ventas es convertir prospectos en clientes pagadores. Si bien las interacciones en las redes sociales pueden ser un primer paso importante en el proceso de ventas, es crucial llevar a los prospectos a través del embudo de ventas y cerrar la venta. Esto requiere un enfoque estratégico y táctico

más allá de la mera interacción en las redes
sociales.

Medición del retorno de la inversión: Al
evaluar el éxito de tu estrategia de
prospección en redes sociales, es importante
medir el retorno de la inversión en términos
de ingresos generados en relación con el
tiempo y los recursos invertidos. Esto te
ayudará a determinar la eficacia real de tus
esfuerzos y a realizar ajustes según sea
necesario para maximizar tu retorno de la
inversión.

***Enfoque en actividades orientadas a
resultados:*** En lugar de obsesionarse con
métricas vanidosas en las redes sociales,
enfoca tus esfuerzos en actividades que
impulsen resultados reales en tu negocio,
como la generación de leads cualificados,
las reuniones de ventas y las conversiones.
Esto te ayudará a mantener tu enfoque en lo
que realmente importa y a alcanzar tus
objetivos de ventas de manera más efectiva.

Si bien las interacciones en las redes
sociales pueden ser importantes para
construir relaciones y aumentar la

conciencia de marca, es crucial recordar que el verdadero valor está en los resultados tangibles en términos de generación de leads, cierre de ventas y aumento de los ingresos. Al mantener este principio en mente, podrás enfocar tus esfuerzos en actividades que impulsen el éxito real en la prospección de ventas.

40. El objetivo principal de establecer una conexión en línea, ya sea a través de las redes sociales, correos electrónicos u otros canales digitales, es abrir la puerta para una conversación fuera de línea

Construcción de relaciones sólidas: Si bien las interacciones en línea pueden ser el primer paso para establecer contacto con un prospecto, es importante llevar esas conexiones más allá y profundizar en la relación fuera del ámbito digital. Una conversación cara a cara o una llamada telefónica pueden ayudar a construir una conexión más sólida y significativa con el prospecto.

Mayor profundidad y claridad: Las conversaciones fuera de línea permiten una mayor profundidad y claridad en la comunicación en comparación con las interacciones en línea. Puedes explorar temas con más detalle, hacer preguntas de seguimiento y captar matices que pueden perderse en la comunicación digital.

Generación de confianza: Las conversaciones cara a cara o por teléfono pueden ayudar a generar confianza de manera más efectiva que las interacciones en línea. Al interactuar de manera más personal y directa, puedes demostrar tu experiencia, tu compromiso y tu autenticidad, lo que puede ayudar a ganarte la confianza del prospecto.

Avance en el proceso de ventas: Las conversaciones fuera de línea son fundamentales para avanzar en el proceso de ventas y llevar al prospecto más cerca de convertirse en cliente. Puedes discutir los detalles del producto o servicio, abordar cualquier pregunta o preocupación que pueda tener el prospecto y presentar una propuesta personalizada que responda a sus necesidades específicas.

Mayor impacto emocional: **Las interacciones cara a cara o por teléfono tienen un mayor impacto emocional en comparación con las comunicaciones en línea. Puedes conectar de manera más genuina con el prospecto, establecer una conexión emocional y mostrar empatía hacia sus necesidades y deseos, lo que puede influir en su decisión de compra.**

Si bien las conexiones en línea son un primer paso importante en el proceso de prospección de ventas, es esencial utilizarlas como un medio para crear conversaciones fuera de línea más significativas y productivas. Al construir relaciones sólidas, profundizar en la comunicación, generar confianza, avanzar en el proceso de ventas y crear un impacto emocional, puedes aumentar tus posibilidades de éxito en la prospección de ventas.

Prospectando con Propósito: 50 Verdades Clave

¿Crees que te sorprendí con estas diez verdades? Estoy bastante seguro de que así fue. No creo que alguna vez haya compartido alguna de estas ideas con un cliente y que me hayan respondido con enojo. Aunque, de ser así, lo entendería perfectamente. Después de todo, parte de mi trabajo es desafiar las percepciones y ofrecer nuevas perspectivas. Estoy aquí para ayudarte a ser más efectivo en tus esfuerzos de venta, a cuestionar tus métodos actuales y a explorar nuevas formas de abordar la prospección.

Entiendo que algunas de estas verdades pueden parecer provocativas o difíciles de aceptar al principio. Pero estoy de tu lado, trabajando contigo para mejorar tus habilidades y alcanzar tus objetivos de ventas. Mi objetivo es ayudarte a convertirte en un vendedor más exitoso y eficiente, incluso si eso significa desafiarte a ti mismo y a tus prácticas habituales.

Estamos en esto juntos. Estoy aquí para proporcionarte el apoyo y la orientación que necesitas para tener éxito en tu carrera de ventas. Así que, si alguna vez te sientes incómodo o desafiado por alguna de estas verdades, recuerda que es parte del proceso de crecimiento y desarrollo profesional. Estoy comprometido a ayudarte a alcanzar tu máximo potencial como vendedor.

Capítulo 4
Presento las 10 ultimas verdades de la prospección

Las ventas no son simplemente un destino; son un viaje de aprendizaje continuo. A lo largo de mis años en la industria, interactuando con innumerables vendedores de diversos ámbitos, desde agentes de ventas hasta representantes bancarios, he estado constantemente absorbiendo nuevas ideas y perspectivas. La eterna discusión sobre si las ventas son un arte o una ciencia sigue resonando, pero la verdad es que, aunque las herramientas tecnológicas pueden facilitar el proceso, la esencia de las ventas sigue siendo la interacción humana y las decisiones emocionales.

Es cierto que los avances tecnológicos nos ofrecen nuevas herramientas para mejorar nuestras ventas, pero al final del día, el éxito en ventas sigue dependiendo de cómo nos relacionamos con los demás y cómo influyen nuestras emociones en el proceso. Independientemente de lo que vendamos o a quién se lo vendamos, siempre hay un elemento humano en juego, y en algún momento, las emociones entran en juego.

Es aquí donde entra en juego la importancia de la prospección. La prospección es la puerta de entrada a nuevas oportunidades, el primer paso en el camino hacia el éxito en ventas. Quiero que alcances tus metas, por eso he recopilado estas 10 verdades sobre la prospección. Al poner en práctica estas "50 Verdades de Prospección", te garantizo que no solo alcanzarás tus objetivos de ventas, ¡sino que también los superarás con creces!

Las ventas son un viaje lleno de aprendizaje constante, donde la prospección juega un papel fundamental en abrir nuevas puertas y oportunidades. Al abrazar estas verdades y aplicarlas en tu día a día, estarás en el camino hacia el éxito en ventas.

41.En el ámbito de la prospección, es crucial comprender que este proceso va más allá de un solo canal de comunicación.

Prospectando con Propósito: 50 Verdades Clave

La verdadera efectividad radica en adoptar un enfoque multicanal, donde se integran diversas herramientas y plataformas para alcanzar a los prospectos de manera estratégica y deliberada.

Imagina la prospección como un conjunto de herramientas en tu caja de herramientas. Cada herramienta tiene su propósito único y contribuye de manera significativa al proceso general. Desde el correo electrónico hasta el teléfono y las redes sociales, cada canal ofrece oportunidades únicas para conectar con los prospectos y avanzar en el ciclo de ventas.

El correo electrónico puede ser efectivo para establecer una primera conexión y proporcionar información detallada sobre tus productos o servicios. El teléfono, por otro lado, permite una comunicación más directa y personalizada, donde puedes abordar preguntas y preocupaciones de manera inmediata. Las redes sociales, con su alcance masivo y capacidad para construir relaciones a largo plazo, son ideales para la generación de leads y la creación de una marca sólida.

Al integrar todos estos canales de manera estratégica, puedes maximizar tus oportunidades de llegar a tus prospectos de manera efectiva y generar un impacto duradero. La prospección multicanal te permite adaptarte a las preferencias y comportamientos de tus prospectos, asegurando que tu mensaje se entregue de la manera más relevante y oportuna posible.

La prospección efectiva no se trata solo de usar un canal específico, sino de aprovechar todas las herramientas disponibles de manera deliberada y estratégica. Al adoptar un enfoque multicanal, puedes ampliar tu alcance, fortalecer tus relaciones y aumentar tus posibilidades de éxito en la captación de nuevos clientes.

42. En el mundo de las ventas, el seguimiento es una parte fundamental del proceso.

No se trata solo de realizar un seguimiento por el simple hecho de hacerlo, sino de ser implacable en tu enfoque. Tu objetivo no es solo mantener contacto con cualquiera que muestre interés, sino trabajar con clientes reales, aquellos que tienen una necesidad genuina y están listos para avanzar en el proceso de compra.

Ser implacable en tu seguimiento implica discernimiento y enfoque. No te detengas en el contacto superficial o en las promesas vacías. En su lugar, concentra tu energía en aquellos prospectos que demuestran un verdadero interés y compromiso con tu oferta. Estos son los clientes potenciales con los que realmente deseas trabajar, aquellos que tienen el potencial de convertirse en clientes de alto valor y contribuir al éxito de tu negocio.

Es importante distinguir entre sospechosos y prospectos genuinos. Los sospechosos pueden mostrar un interés inicial, pero carecen del compromiso real o la capacidad para realizar una compra. Por otro lado, los prospectos genuinos están listos para comprometerse y avanzar en el proceso de ventas.

Al ser implacable en tu seguimiento, estás demostrando tu profesionalismo y determinación para cerrar negocios. No te conformes con la mediocridad o la complacencia; busca activamente oportunidades para avanzar y convertir esos prospectos en clientes satisfechos.

Recuerda, tu tiempo y energía son valiosos recursos. No los desperdicies persiguiendo a sospechosos que no están realmente interesados en lo que tienes para ofrecer. En su lugar, enfócate en aquellos prospectos que demuestran un compromiso genuino y están listos para tomar acción. Esa es la clave para el éxito en el seguimiento y en las ventas en general.

43. Es común escuchar excusas sobre la falta de herramientas adecuadas para prospectar.

Sin embargo, la verdad es que tus mejores herramientas siempre están contigo, y residen en tu mente y tu actitud.

Cuando se trata de prospectar, la clave no está en las herramientas externas que puedas tener a tu disposición, sino en tu capacidad para pensar creativamente y mantener una actitud positiva y proactiva. Tu mente es tu activo más valioso; es lo que te permite identificar oportunidades, resolver problemas y adaptarte a diferentes situaciones. Tu actitud, por otro lado, determina cómo abordas los desafíos y cómo te relacionas con tus prospectos.

No permitas que la falta de una herramienta específica te impida avanzar en tu proceso de prospección. En lugar de depender exclusivamente de herramientas externas, confía en tu habilidad para encontrar soluciones creativas y utilizar tus recursos de manera efectiva. En última instancia, tu éxito en la prospección dependerá de tu capacidad para pensar de manera estratégica y mantener una actitud positiva y orientada hacia el logro de objetivos.

Las herramientas pueden ayudarte, pero nunca deberían ser una excusa para no prospectar. Aprovecha al máximo lo que tienes a tu disposición y confía en tu capacidad para superar cualquier obstáculo que puedas encontrar en el camino. Con una mentalidad positiva y la determinación de tener éxito, no hay límite para lo que puedes lograr en tu proceso de prospección.

44. Es esencial comprender la distinción entre prospectos y sospechosos

Los sospechosos son aquellos individuos que muestran un interés inicial en tu oferta, pero que aún no han demostrado un compromiso real o una intención de avanzar en el proceso de compra. Pueden estar "tomándose su tiempo", indecisos o simplemente explorando opciones sin ninguna intención clara de actuar.

Por otro lado, los prospectos son aquellos que han demostrado un interés genuino en tu producto o servicio y están dispuestos a comprometerse con el proceso de compra. Han expresado una necesidad o deseo específico que tu oferta puede satisfacer, y están abiertos a explorar cómo pueden beneficiarse de lo que tienes para ofrecer.

Es crucial discernir entre ambos grupos para maximizar tu eficacia en el proceso de prospección. En lugar de perder tiempo y recursos persiguiendo sospechosos que pueden no estar realmente interesados en lo que tienes para ofrecer, enfócate en identificar y cultivar relaciones con prospectos genuinos que estén listos para avanzar en el proceso de ventas.

El éxito en la prospección radica en la calidad de tus prospectos, no en su cantidad. Al centrarte en aquellos que están verdaderamente comprometidos y dispuestos a tomar acción, aumentarás tus posibilidades de cerrar ventas y construir relaciones duraderas con tus clientes.

El tiempo es un recurso invaluable y precioso.

45. Cada minuto que dedicas a tu trabajo de prospección tiene un valor incalculable, por lo que es fundamental que lo utilices de manera sabia y estratégica. Más que simplemente mantenerse ocupado, se trata de ser verdaderamente productivo y eficiente en tus esfuerzos de prospección.

Prospectando con Propósito: 50 Verdades Clave

Ser ocupado puede dar la impresión de actividad, pero no garantiza resultados. En cambio, la verdadera medida del éxito radica en tu capacidad para utilizar tu tiempo de manera productiva, enfocándote en actividades que generen un impacto significativo en tus objetivos de ventas. Esto implica priorizar tareas, establecer metas claras y enfocarte en actividades que te acerquen más a tus objetivos.

Para aprovechar al máximo tu tiempo, es crucial identificar y eliminar las distracciones que puedan desviarte de tus objetivos. Esto puede implicar establecer límites claros en cuanto al uso de dispositivos electrónicos, administrar eficazmente tu bandeja de entrada de correo electrónico y establecer horarios específicos para realizar llamadas de prospección.

Además, es importante dedicar tiempo regularmente a la planificación y la revisión de tu estrategia de prospección para asegurarte de que estás enfocando tus esfuerzos en las actividades más efectivas y de alto rendimiento.

Cada minuto que pasas en tu trabajo de prospección es una inversión en tu éxito futuro. Al utilizar tu tiempo sabiamente y enfocarte en actividades que te acerquen más a tus objetivos, estarás mejor posicionado para alcanzar el éxito en el competitivo mundo de las ventas.

Cada acción que tomas en el presente tiene un impacto directo en tus resultados futuros.

46. Lo que decides prospectar este mes y este trimestre no solo influirá en tus resultados a corto plazo, sino que también sentará las bases para el éxito en el próximo mes y el próximo trimestre.

Prospectar de manera estratégica y enfocada en el presente es fundamental para garantizar un flujo constante de oportunidades de ventas en el futuro. Cada contacto que estableces, cada llamada que realizas y cada relación que cultivas durante este período de tiempo puede abrir puertas para futuras ventas y contribuir al crecimiento continuo de tu negocio.

Prospectando con Propósito: 50 Verdades Clave

Es importante comprender que el proceso de prospección es un esfuerzo continuo y constante, y que los resultados no siempre son inmediatos. Sin embargo, al mantener una perspectiva a largo plazo y mantener el impulso en tus actividades de prospección, estarás sentando las bases para un éxito sostenible en el futuro.

Al prospectar de manera estratégica y enfocada en el presente, tendrás la oportunidad de identificar y abordar proactivamente cualquier desafío o área de mejora en tu proceso de ventas. Esto te permitirá ajustar y refinar tu enfoque a medida que avanzas, mejorando continuamente tu eficacia y aumentando tus posibilidades de éxito.

Lo qué y cómo prospectas en el presente tendrá un impacto significativo en tus resultados futuros. Al comprometerte a prospectar de manera estratégica y enfocada en el ahora, estarás construyendo un camino hacia el éxito continuo y sostenible en el emocionante mundo de las ventas.

Prospectando con Propósito: 50 Verdades Clave

La prospección trasciende el simple acto de realizar llamadas o enviar correos electrónicos.

47. En su núcleo, la prospección no es simplemente una actividad que realizas en determinados momentos del día; es un compromiso total, una mentalidad arraigada que abarca todos los aspectos de tu vida profesional.

Considera la prospección como un estilo de vida, una forma de ser y de pensar que permea cada faceta de tu carrera en ventas. Implica estar constantemente atento a nuevas oportunidades, buscando activamente formas de conectar con posibles clientes y desarrollar relaciones significativas que impulsen tu negocio hacia adelante.

Adoptar la prospección como un estilo de vida significa estar siempre listo para actuar, ya sea aprovechando una conversación casual en un evento de networking o identificando oportunidades de ventas mientras te desplazas por la ciudad. Se trata de mantener una mentalidad abierta y receptiva a las oportunidades que se presentan en cada momento.

La prospección como estilo de vida implica un compromiso constante con el crecimiento y el desarrollo personal. Significa estar dispuesto a aprender y adaptarse a medida que evolucionan las tendencias del mercado y las necesidades de los clientes. Es estar en constante búsqueda de nuevas formas de mejorar y refinar tus habilidades de prospección para mantener una ventaja competitiva.

La prospección no es solo una actividad que realizas; es un compromiso total, una mentalidad arraigada y un estilo de vida que abraza la búsqueda constante de oportunidades y el crecimiento personal y profesional. Al adoptar este enfoque integral hacia la prospección, estarás mejor posicionado para alcanzar el éxito y prosperar en el dinámico mundo de las ventas.

48. La prospección se erige como el motor que impulsa el éxito comercial.

Es el combustible que alimenta el proceso de ventas y, en última instancia, impulsa el crecimiento y la prosperidad de los negocios.

Al iniciar el proceso de prospección, estás avivando la llama que alimenta el ciclo comercial. Cada contacto que estableces, cada oportunidad que identificas y cada relación que cultivas contribuye a mantener el motor en marcha, generando el impulso necesario para avanzar en el proceso de ventas.

A medida que las ventas florecen, el negocio se fortalece. Los ingresos aumentan, las oportunidades de expansión se materializan y se construye una base sólida para el crecimiento futuro. La prospección constante y efectiva se convierte en el motor que impulsa este ciclo virtuoso, asegurando un flujo constante de ingresos y oportunidades.

A su vez, el éxito empresarial contribuye al crecimiento y la estabilidad de la economía en su conjunto. Las empresas prósperas generan empleo, fomentan la innovación y contribuyen al desarrollo económico en sus comunidades y más allá. De esta manera, la prospección no solo impulsa el éxito individual de las empresas, sino que también desempeña un papel vital en el impulso de la economía en su conjunto.

La prospección es mucho más que una actividad comercial; es el motor que impulsa el crecimiento y la prosperidad de los negocios, y, en última instancia, contribuye al desarrollo económico en general. Al reconocer y valorar su importancia, podemos aprovechar su poder para impulsar el éxito empresarial y promover el bienestar económico a gran escala.

49.La prospección se convierte en un poderoso catalizador de libertad y autodeterminación.

Prospectando con Propósito: 50 Verdades Clave

Al comprometerte con el proceso de prospección, asumes el control completo de tu destino profesional y, en última instancia, defines tu propio camino hacia el éxito.

Prospectar no es solo una actividad comercial; es un acto de empoderamiento que te permite trazar tu propia trayectoria y alcanzar tus metas. Al tomar la iniciativa de buscar activamente nuevas oportunidades y cultivar relaciones con posibles clientes, estás tomando las riendas de tu carrera y creando oportunidades para ti mismo.

Al ejercer este control sobre tu destino, te liberas de las limitaciones impuestas por circunstancias externas. Ya no estás a merced de las fluctuaciones del mercado o de las decisiones de los demás; en su lugar, estás en el asiento del conductor, guiando tu carrera hacia el éxito con determinación y enfoque.

La prospección te brinda la libertad de definir tu propio nivel de éxito. Al comprometerte con el proceso y perseverar a pesar de los desafíos, tienes la oportunidad de alcanzar nuevas alturas y superar tus propios límites. No estás limitado por las expectativas de los demás o por las normas convencionales; en cambio, tienes la libertad de definir tu propio estándar de éxito y trabajar incansablemente para alcanzarlo.

Prospectar es más que una actividad comercial; es un acto de libertad y autodeterminación que te permite tomar el control de tu destino y definir tu propio camino hacia el éxito. Al abrazar esta libertad y comprometerte con el proceso de prospección, estás capacitado para alcanzar tus metas y realizar tus sueños en el emocionante mundo de las ventas.

50. El mayor obstáculo que enfrentas no son los competidores, las circunstancias externas o incluso los posibles rechazos. En última instancia, el único factor que puede detenerte del éxito eres tú mismo.

Este concepto puede parecer abrumador al principio, pero también es profundamente liberador. Significa que tienes el poder y la capacidad de superar cualquier obstáculo que se interponga en tu camino hacia el éxito. Tú eres el arquitecto de tu propio destino profesional, y tus acciones y decisiones determinarán tu trayectoria en el mundo de las ventas.

Al reconocer que eres tu propio mayor impedimento, puedes empezar a identificar y abordar los patrones de pensamiento negativos o limitantes que podrían estar frenando tu progreso. Ya sea el miedo al rechazo, la falta de confianza en ti mismo o la procrastinación, estos son todos obstáculos que puedes superar con el tiempo y la práctica.

Al aceptar la responsabilidad de tu propio éxito, también te empoderas para tomar medidas concretas para mejorar y crecer como profesional de las ventas. Esto puede implicar invertir en tu desarrollo personal y profesional, establecer metas claras y trabajar de manera consistente para alcanzarlas.

En última instancia, recuerda que eres el capitán de tu propio barco en el viaje hacia el éxito en ventas. Si bien pueden surgir

Prospectando con Propósito: 50 Verdades Clave

desafíos en el camino, nunca pierdas de vista tu capacidad para superarlos y alcanzar tus metas. Al adoptar una mentalidad de crecimiento, asumir la responsabilidad de tu propio éxito y perseverar a pesar de los obstáculos, estarás en el camino hacia un futuro brillante y gratificante en el mundo de las ventas.

¡Aquí las tienes! Las últimas diez de mis "50 Verdades Clave". Ahora, ¿cómo te sientes después de absorber esta sabiduría? Para mí, cada una de estas verdades es un pilar fundamental en mi enfoque hacia las ventas. Si no creyera fervientemente en cada una de ellas, no sería capaz de presentarlas como verdades.

De entre estas últimas diez, hay dos que siempre han brillado con luz propia en mi trayectoria: la #47 y la #50. Cuando decidí integrarlas como pilares fundamentales en mi enfoque de negocio, presencié cómo sucedían cosas verdaderamente sorprendentes. Es asombroso cómo el compromiso con estas verdades puede transformar radicalmente tu camino hacia el éxito en las ventas.

Prospectando con Propósito: 50 Verdades Clave

Pero no me cuentes solo sobre mis experiencias, quiero saber cuáles de estas 50 Verdades Clave resuenan contigo. ¿Cuáles te inspiran más? ¿Cómo estás aplicando estas verdades en tu propia estrategia de prospección y ventas? Compartir tus reflexiones conmigo puede abrir puertas hacia nuevas ideas y enfoques que podrían llevar tu juego de ventas a nuevas alturas.

Si estás decidido a llevar tus habilidades de ventas al siguiente nivel, te recomiendo encarecidamente que realices un análisis detallado de estas 50 verdades. Reflexiona sobre cuáles estás aplicando actualmente y cómo podrías incorporar más de ellas en tu enfoque. Tus respuestas podrían marcar la diferencia en el rumbo de tu futuro profesional.

Epílogo

En el transcurso de estas páginas, hemos explorado un viaje fascinante y revelador a través de las complejidades del mundo de las ventas. Desde el primer destello de inspiración hasta la última palabra de sabiduría, hemos examinado de cerca las 50 Verdades Claves de Prospección, una guía magistral diseñada para iluminar el camino hacia el éxito en las ventas.

En cada una de estas verdades, hemos descubierto profundas enseñanzas y valiosas lecciones que han transformado nuestra comprensión del proceso de prospección y ventas. Desde la importancia de establecer objetivos claros hasta el poder del seguimiento implacable, cada verdad ha sido un faro de luz en nuestro viaje hacia el éxito.

Nos hemos sumergido en el arte de la prospección, explorando la importancia de la perseverancia, la autodisciplina y la mentalidad correcta en el logro de nuestros objetivos comerciales. Hemos aprendido a abrazar el poder del teléfono, el correo electrónico y las redes sociales como herramientas poderosas en nuestra caja de herramientas de ventas.

Al recorrer estas páginas, hemos descubierto el impacto transformador de adoptar una mentalidad de crecimiento, aceptar la responsabilidad de nuestro propio éxito y comprometernos con el proceso de prospección de manera deliberada y consistente. Hemos aprendido a enfrentar nuestros miedos, a abrazar el rechazo como parte del proceso y a convertir cada obstáculo en una oportunidad de crecimiento.

En última instancia, hemos comprendido que el verdadero éxito en las ventas no se trata simplemente de cerrar tratos, sino de construir relaciones sólidas y duraderas con nuestros clientes. Se trata de agregar valor, resolver problemas y satisfacer las necesidades de nuestros clientes de manera genuina y auténtica.

Prospectando con Propósito: 50 Verdades Clave

Al reflexionar sobre nuestro viaje juntos a través de las 50 Verdades Claves de Prospección, recordemos siempre que el éxito en las ventas no es simplemente un destino, sino un viaje continuo de aprendizaje y crecimiento. Sigamos adelante con determinación, pasión y un compromiso inquebrantable con nuestra propia grandeza.

Que estas verdades sigan siendo nuestra guía en el emocionante viaje que tenemos por delante, y que cada paso que demos nos acerque un poco más hacia nuestros sueños y aspiraciones más grandes.

Que el viaje continúe, lleno de éxitos, aprendizajes y la satisfacción de alcanzar nuestras metas más ambiciosas.

¡Adelante, hacia un futuro lleno de posibilidades infinitas en el apasionante mundo de las ventas!

Con gratitud y optimismo, Dionisio

Acerca del Autor

Dionisio Melo ha labrado una distinguida carrera mediante su incansable búsqueda de estrategias de ventas genuinamente efectivas para el exigente mercado latinoamericano. Su influencia abarca diversas dimensiones del ámbito de las ventas, ejerciendo un impacto significativo en toda la región.

No se limita únicamente a ser un orador destacado en conferencias de ventas y un guía experto en reuniones de entrenamiento y coaching personal para vendedores; va más allá al compartir su vasta experiencia y novedosas estrategias de ventas con un selecto grupo de clientes. Entre ellos se encuentran corporativos de renombre como IBM, Fiat Auto Argentina, ICCA Asociación de Inmobiliarias en Argentina, Banco Económico S.A. en Bolivia, Clorox de Chile S.A., Sura de Seguros S.A. en Colombia, Seguros Bital S.A. de C.V. en México, EDAN Escuela de Administración de Negocios en Paraguay, Campo Fe en

Prospectando con Propósito: 50 Verdades Clave

Perú, Orange Dominicana en la República Dominicana, Century 21 en Venezuela, y muchas otras empresas líderes en Latinoamérica.

Además de su destacado papel en el ámbito corporativo, Dionisio Melo ha plasmado su profundo conocimiento en varios libros sobre ventas y gerencia de ventas. Entre sus obras más destacadas se encuentran "220 Respuestas a Objeciones de Seguros", "El Corazón Inmobiliario", "100 Respuestas a Objeciones en Bienes Raíces", "Comunicación Efectiva, El Secreto del Éxito en Ventas", "Habilidades de venta minorista de primera línea" "Clientes a la carta, y Prospección Efectiva" "100 Respuestas a Objeciones que plantean los clientes a los Asesores de Cementerios Privados" "Ventas 4.0". Estas publicaciones reflejan su compromiso con la excelencia en ventas y su habilidad para abordar los desafíos específicos de diversos sectores.

El impacto de Dionisio como experto en ventas es innegable; sus ideas y conocimientos son omnipresentes en empresas de prácticamente todos los sectores. Su popularidad trasciende las fronteras, llegando a una audiencia de más de 20,000 personas a través de boletines informativos en toda América Latina. Además, su influyente blog ha sido ampliamente compartido y republicado en numerosos sitios web especializados en negocios y ventas.

Dionisio Melo continúa desempeñando un papel crucial como consejero de empresas en constante crecimiento, brindando un apoyo inestimable para que estas compañías alcancen nuevos niveles de éxito en el competitivo mercado latinoamericano. Su dedicación y compromiso con la excelencia en ventas, respaldados por sus valiosas publicaciones, consolidan su posición como una figura influyente y respetada en la región.